Roman Bauer

Das evolutionäre Ethos

GHV

Roman Bauer

Das evolutionäre Ethos

Eine Antwort auf die Krisen
in Religion, Staat und Gesellschaft

Gerhard Hess Verlag

Roman Bauer
Das evolutionäre Ethos
Eine Antwort auf die Krisen in Religion, Staat und Gesellschaft

1. Auflage 2024
© Copyright by Gerhard Hess Verlag, D-73066 Uhingen
www.gerhard-hess-verlag.de
Printed in Europe

ISBN 978-3-87336-840-8

Inhalt

Vorwort

Die Krise der Religion, insbesondere die des Christentums im europäischen Kulturraum, ist nicht mehr zu bestreiten. Sie äußert sich im rasanten Mitgliederschwund der Volkskirchen mit konstant hohen Austrittszahlen. Doch wenn eine zweitausendjährige Religion quasi über Nacht von solcher Auszehrung betroffen ist, liegt das nicht allein an mangelnder struktureller Anpassung an die Bedürfnisse der Neuzeit. Die Krise ist mehr als ein kurzer Schwächeanfall, sie betrifft auch zentrale Teile der Glaubenssubstanz und des kirchlichen Selbstverständnisses.

Wir leben nach den Diktaturen des zwanzigsten Jahrhunderts in der Großwetterlage des Liberalismus, und auch der säkulare Staat mit seiner Demokratie erfährt gegenwärtig, dass es auch für ihn als grenzenloser Wohlfahrtsstaat keine Bestandsgarantie gibt, im Gegenteil, auch ihm droht bei fortgesetztem Wachstum ein Waterloo. Es geht die Rede von einer Zeitenwende um. Doch diese ist kein fremdverursachter Schicksalsschlag. Sie ist bei ehrlicher Sicht nichts anderes als der Offenbarungseid des real existierenden Liberalismus mit seinen nicht erfüllbaren Versprechungen, seinen selbstverschuldeten Zwängen und seiner Selbstblockade durch eine Gesetzesflut mit viel Streit und Widersprüchen. Für diese Aussage dürften die Stichworte Migration, Energiewende, Staatsverschuldung, Klimakrise und Kriminalität vorerst genügen. Eine tiefsitzende Verunsicherung hat alle Teile der Gesellschaft erfasst.

Der Verfasser dieser Schrift ist noch in einem vom gegenreformatorischen Katholizismus geprägten ländlichen Raum aufgewachsen. Er gehörte zu jener Gruppe ausgewählter junger Menschen, denen der Besuch einer höheren Schule nur zu dem Zweck ermöglicht wurde, um Geistlicher oder mindestens kirchlich geprägter Lehrer zu werden. Er hat sich darauf eingelassen und viele Jahre in kirchlich geführten Internaten verbracht samt einem vierjährigen Studium an philosophisch-theologischen Ordenshochschulen. In den turbulenten 1960er Jahren ist ihm dann ,in letzter Minute' der Umstieg zu einem naturwissenschaftlichen Studium als befreiendem Neuanfang gelungen. Dies befähigt ihn zu einer authentischen Beurteilung der gegenwärtigen Kultur- und Glaubenskrise, denn er kennt ihre Hauptursache, die kognitive Dissonanz zwischen tradiertem und zeitgemäßem Weltverständnis, nicht nur indirekt vermittelt von außen, vielmehr aus der Innenansicht durch direkte Erfahrung beider Welten. Aber auch das Studium der Naturwissenschaften mit ihrem heilsamen Zwang zu sach- und faktenbezogenem Denken förderte eine ideologiefreiere Sicht auf die Widersprüche in Staat und Gesellschaft. Und nicht zuletzt ist auch die Solidarität mit vielen früheren Internats- und Studienkollegen, denen kein beruflicher Neuanfang mehr gelungen ist, Motivation und Antrieb zu dieser Schrift.

Die Religionskrise hinterlässt ein Vakuum, das durch Konsum und Produktion, durch Unterhaltungs- und Freizeitindustrie nur notdürftig verdeckt und verdrängt wird. Jedoch für liberalen oder kulturmarxistischen Jubel besteht wenig Anlass, denn auch der Staat und seine liberalisierte Gesellschaft stecken selbst tief in der Krise, sie sind alles andere als ein Vorzeigeprojekt für offene und ehrliche Demokratie. Die religiöse und politische Landschaft kennzeichnet zunehmend eine chaotische Vielfalt, die statt Harmonie eher Spaltung und aggressive Lagermentalität erzeugt. Ein bürgerkriegsähnlicher Kulturkampf droht. Die Lage ist ernster als sich dies die Wohlstandsgesellschaft selbst eingesteht. Denn auch die politischen Ideale des Liberalismus, des Sozialismus und auch das Kulturchristentums haben sich in ihrer klassischen Form überlebt, sie haben viel von ihrer Überzeugungskraft eingebüßt.

Ein Zurück zu den alten Sicherheiten und Eindeutigkeiten gibt es nicht mehr. Was gilt dann noch als fester Bestand, auf den wir uns bei der Gestaltung der diesseitigen Welt – und um die geht es – verlassen können und müssen? Es sind dies die evolutive Schöpfung mit wohl noch tausenden Jahren an Zukunft und Zeitvorrat einerseits, und wir selbst als ihr Geschöpf an der Spitze mit begrenzten aber ausreichenden Fähigkeiten an Intelligenz, Vernunft und Willen andererseits. Dazu noch die Werte unserer Kultur und Tradition, das genügt. Und damit bleibt uns hier und jetzt die entscheidende Frage: Pressen wir mit zweckrationaler Intelligenz und emanzipatorischem Selbstverständnis für unsere Selbstverwirklichung aus dieser Schöpfung so viel wie möglich heraus, oder begreifen wir unsere Position in ihr auch als Chance und Auftrag, ihren künftigen Gang humanverträglich mitzugestalten und durch maßvollen Konsum und Umgang mit ihren Angeboten den vorzeitigen Abbruch dieses faszinierenden Unternehmens zu verhindern? Die Entscheidung für die zweite Option ist ethisch alternativlos. Sie begründet das evolutionäre Ethos, und nur mit diesem retten wir für uns selbst und für die ganze Menschheit die Würde und die Selbstachtung.

In der Praxis bedeutet dies für Staat und Religion eine perspektivische Erweiterung und eine Akzentverschiebung bei der

Gewichtung unserer übergeordneten Motivations- und Zielstrukturen. Der liberale Sozialstaat muss seine Fixierung auf Wohlstandsmaximierung im Hier und Jetzt lockern, und die Religionen müssen ihre üppig entfalteten Glaubenswelten auf die zentralen Botschaften und Sinnperspektiven unseres Daseins verschlanken. Dabei gewinnen wir für unser Tun und Lassen frei werdende Energien und Aufmerksamkeiten, die wir dann gezielt und ernsthaft auf die Erhaltung und Gestaltung unserer evolutiven Welt richten können und müssen. In der nun folgenden Schrift werden diese Gedanken ausführlicher entfaltet. Möge ihre Gesamtaussage eine Wirkung beim Leser hinterlassen, auch wenn er diese oder jene Einzelheit anders beurteilt. – Ich danke dem Gerhard Hess Verlag für kritische Anregungen zum Manuskript und für seine Veröffentlichung.

Bühl-Altschweier/Baden, im November 2023

Roman Bauer

I. Die Religion in der Krise

Die Ausgangslage – Das Christentum im Notstand

Wenn in wichtigen Bereichen unserer Lebenswelt schwere Krisen und Fehlentwicklungen auftreten, so sprechen wir diesbezüglich heute schnell von einem *Notstand*. Archaische Kulturen und Gesellschaften leiden beispielsweise unter einem Entwicklungsnotstand, modernere Staaten befinden sich dagegen eher in einem Reform-, Bildungs- oder Pflegenotstand, und die Weltgemeinschaft glaubt momentan einen Klimanotstand proklamieren zu müssen. Auch wenn in liberalen Gesellschaften der westlichen Welt darüber keine große Sorge oder gar Panik zu spüren ist, der Zustand der Religion in ihnen scheint den Alarmbegriff Notstand voll zu rechtfertigen, denn tatsächlich ist kein Teilbereich unserer Kultur in seiner Form und Funktion gegenwärtig so angezweifelt, hinterfragt und geschwächt wie die Religion als Lehrgebäude und Kulturinstitution. Welche Symptome und Indizien begründen diese Behauptung, und wo liegen dann die tieferen Ursachen für diese Krise?

Das Erscheinungsbild der tradierten Religion in den entwickelten liberalen Gesellschaften des Westens – hier das Christentum – lässt sich mit wenigen statistischen Zahlen einfangen, und die Verhältnisse in Deutschland sind diesbezüglich ausreichend repräsentativ für die meisten Länder des westlichen Europas (1). Danach ging der Anteil der erfaßten und noch mäßig aktiven Christen seit Mitte des zwanzigsten Jahrhunderts bis zur Jahrtausendwende in nur zwei Generationen von 90% auf etwa 55% zurück, wovon knapp die Hälfte sich zur evangelischen, die übrigen

11

sich zur katholischen Kirche bekennen. Von den Katholiken sind im strengen Sinne nicht mehr als 10 bis 20% gläubig, wenn man dafür als Kriterium den regelmäßigen Besuch der Sonntagsgottesdienste, das Verständnis der Sakramente und die Hörigkeit auf Papst und Bischöfe heranzieht. Bei den Protestanten liegt der entsprechende Anteil eher noch niedriger und nähert sich der 5% Marke. Und wer selbst den dramatischen Einbruch der Anzahl von Priestern und Ordensleuten binnen weniger Jahrzehnte noch erlebt hat, samt der relativ hohen Zahl an Problem- und Skandalfällen in diesem Personenkreis, der kann nicht mehr leugnen, dass selbst eine so robuste Gemeinschaft wie die Römische Kirche, gemessen an ihrem Selbstverständnis, in einer tiefen Glaubens- und Existenzkrise steckt.

Das Abendland ist bestenfalls noch geprägt von einem Kultur- und Traditionschristentum, aber nicht mehr durch das überzeugende Bekenntnis zu den Kernsätzen des christlichen Glaubens. In der Frankfurter Allgemeinen Zeitung (FAZ) erschien im Dezember 2021 eine Analyse, der zufolge es in diesem Jahr in Deutschland zum letzten Mal ein Weihnachtsfest mit einer Mehrheit an christlichen Kirchenmitgliedern gab. Auch die jüdische Religion ordnet sich in dieses Bild ein, wenn man die Anzahl der streng orthodoxen Juden als Kriterium nimmt, und der Islam hinkt wohl nur durch die relative Bildungsferne großer Teile seiner Mitglieder diesem Trend hinterher. Diese Analyse beruht auf statistischem Zahlenmaterial, das uns fast täglich in Nachrichten und Zeitungen zugänglich ist, und die beschriebene Tendenz verschärft sich eher noch, sie ist bis heute nicht rückläufig. Allein im Jahr 2022 sind mehr als eine halbe Million Katholiken aus ihrer Kirche ausgetreten.

Wenn ein so robustes Jahrtausende altes Kulturphänomen wie die Religion in wenigen Jahrzehnten so dramatisch an Zustimmung verliert, ist die Frage nach den Ursachen dringend geboten, auch und gerade die nach ihrem zentralen Vorstellungs- und Bedeutungsinhalt ‚Gott'. Doch die Öffentlichkeit in liberalen Gesellschaften ist bei diesem Thema eher gleichgültig und indifferent. Man übt sich im großen Schweigen, denn Religion ist Privatsache, und als Ausweg und Antwort erscheint vielen nur ein apodiktischer Atheismus möglich, aber keine Alternative zu diesem entweder - oder. Solcher Umgang mit dem Kulturgut Religion ist jedoch unbefriedigend und oberflächlich, denn Religion ist mehr als nur eine kulturelle Zierschleife, sie hatte und hat noch eine für Staat und Gesellschaft wichtige Funktion, sie ist mit Ethik und Moral ein menschlicher Stabilitätsfaktor von hohem Rang. Gerade auch deshalb gebietet ihre Krise nach Ersatz und Alternativen Ausschau zu halten.

Eine offene und unbefangene Diskussion über Sinn und Funktion von Religion in Geschichte, Gegenwart und Zukunft sowie über ihre zentralen Vorstellungen und Glaubenssätze ist deshalb vordringlich. Solches Nachdenken ist kein schöngeistiger Luxus und auch keine kämpferische Religionskritik als Selbstzweck. Dabei müssen auch ihre historischen Bedingtheiten und Begrenztheiten ohne falsche Scheu zur Sprache kommen: Was davon ist noch zumutbar, humanverträglich und zukunftsfähig, und was nicht? Andernfalls droht der weitere Verfall und die Verwilderung eines bedeutenden Kultursektors, denn das Schwinden der religiösen Bindungskräfte hinterlässt ein Vakuum bei den Faktoren für unsere Sinnfindung. Konsum, Emanzipation und Unterhaltung als moderne Varianten von ‚Brot und Spiele' können aber als billige Ersatzreligion keine tragfähige Alternative bieten. Aber auch ein einfaches Zurück zum alten Glanz und Ruhm der klassischen Religionen gibt es nicht mehr. Es besteht daher echter Bedarf an so etwas wie einer neuen Synthese von Religiosität, Spiritualität und Handlungsethik für eine wachsende Zahl religiös entwurzelter Menschen.

Als Auswege aus der Krise werden von dem verantwortlichen Führungspersonal der Kirchen, besonders aber auch von den Laien an der Basis, hauptsächlich Strukturreformen gefordert und diskutiert. Im Fall der katholischen Kirche z. B. die Aufhebung des Pflichtzölibats, die Gleichstellung der Frauen bei Ämtern und Funktionen, die Liberalisierung der Ehe- und Sexualmoral etc. Der Protestantismus versucht sein Reformglück und seine Anpassung mehr in der Hinwendung und Öffnung zu religiös neutraleren zivilgesellschaftlichen Themen wie Klima-, Sozial-, Migrations-, Friedens- und Umweltpolitik. Doch solche Rettungsversuche greifen zu kurz und bleiben an der Oberfläche, denn die Krise liegt tiefer, sie betrifft tatsächlich große Teile der eigentlichen Glaubenssubstanz, sie erfasst das Gottes-, das Welt- und das Menschenbild als Einheit. Denn ginge es z. B. im Fall der katholischen Kirche nur um Defizite bei zeitgemäßer Liberalisierung, also bei Liturgie und Kirchenrecht, oder um flachere Hierarchien (Synodaler Weg), so müssten ihr die protestantischen Kirchen eher als leuchtendes Vorbild erscheinen, und die Krise wäre schnell behoben durch den nachgeholten Anschluss an die Reformation, den der Synodale Weg faktisch einlöst. Aber nein, die Protestanten sind vom Glaubensschwund ebenso betroffen, und dies spricht für unsere Vermutung, dass seine Ursachen doch etwas tiefer liegen als nur im Strukturellen. Dies zu begründen und nach Auswegen zu suchen, ist Ziel und Zweck der nachfolgenden Analysen und Überlegungen.

Religion und Religiosität sind ein typisch humanes Kulturphänomen, sie sind ein wesentlicher Teil unserer kulturfähigen Humannatur, und als solche unterliegen auch sie sowohl evolutiven wie auch historischen Gesetzen und Regeln. Sie sind deshalb nicht starr, unveränderlich und endgültig, ihre historisch-evolutive Verankerung ist aber auch zugleich die Ursache ihrer periodischen Krisen und Metamorphosen. Wenn aber Religion und Religiosität mit ihrer Vorstellungswelt nicht überraschend fix und fertig als Offenbarung vom Himmel fallen, so sind sie ursächlich und auch inhaltlich an die Stufen der kognitiven Entwicklung unseres Bewusstseins, also an das, was wir unseren Geist nennen, gebunden. Denn so wie Staaten und Gesellschaften die Organisationsformen unserer sozialen Veranlagung und ihrer Entwicklungsstufen sind, so sind die Religionen auch strukturelle Organisationsformen unserer kognitiven Entwicklungsstufen und deren Erklärungen und Antworten zu den letzten Sinn- und Zweckfragen unseres Daseins. Und dies alles ist gekoppelt an die evolutive Entfaltung neuro-psychischer Systeme mit ihrer Fähigkeit zu erlebter Welterfahrung und bewusster Eigenwahrnehmung, also an die strukturelle Entwicklung von Gehirnen. In dem evolutiven Kontinuum neuronaler Systeme für bewusste Selbst- und Weltwahrnehmung lassen sich bis heute drei markante Entwicklungsstufen erkennen und unterscheiden.

Bewusstseinsstufe 1 –
Das animalisch-tierische Erwachen

Die Frage nach Ursache, Sinn und Zweck von Bewusstsein, also von ‚Geist‘, gehört zu den schwierigsten und bis heute wenig geklärten Rätseln der Hirn- und Evolutionsforschung, sofern man dafür überhaupt wissenschaftlich reduktionistische Erklärungen und Lösungen sucht (2). Wenn aber – und dafür spricht vieles – auch Bewusstsein und Geist evolutionäre Größen sind, wenn sie sich also komplexen Hochformen neuronaler Systeme verdanken, so stellt sich automatisch die Frage nach ihrem Sinn und Zweck, nach ihrer Funktion und ihrem evolutiven Vorteil. Die Richtung für ein ahnendes Verständnis weist uns eine naheliegende zweite Frage: Warum brauchen Pflanzen offensichtlich kein Bewusstsein, warum kommt das ganze vegetative Leben – höchst wahrscheinlich – ohne diese Qualität zurecht? Was also zeichnet bewusste Lebewesen gegenüber Pflanzen eigentlich aus, und warum und unter welchen Voraussetzungen ist Bewusstsein notwendig? Eine vergleichende Verallgemeinerung kommt dazu trotz aller gebotenen Vorsicht und Skepsis zu diesem Schluss: Bewusste Lebewesen mit Gehirn bedürfen einer aufwendigeren Gesamtinvestition. Sie und ihre Reproduktion sind gefährdeter und riskanter als Pflanzen, ihr Leben ist durch hohe Kosten kostbarer und kostspieliger, und es zeigt schon auf der tierischen Stufe zumindest rudimentäre Formen von Individualität und Subjektivität, von Autonomie und Selbstkontrolle. Bewusstsein scheint für die Entstehung und Erhaltung von höher entwickeltem Leben jenseits der Pflanzen notwendig zu sein, seine Funktion besteht in besserem Schutz und effektiverer Selbstbehauptung.

Tatsächlich ist Bewusstsein zuerst und ursprünglich als Gefühls- und Empfindungswelt eine binäre Urbewertung lebenswichtiger Reizzustände und Informationen aus der äußeren und inneren Umwelt. Positiv oder negativ erlebte Widerfahrnisse als Gefühle von Glück und Schmerz bilden unsere Ursemantik. Ihre Ursachen sind für unsere Existenz eben entweder positiv oder negativ, förderlich oder schädlich, und entsprechend sind sie an subjektiv erlebte Empfindungen gekoppelt, und unsere reaktive Uremotion und Antwort ist dann entweder Zuwendung mit Wohlgefühl oder Abwendung und Flucht mit Furcht und Kampf. Solche polare Emotionen begleiten alle unsere Antriebe und Reaktionen. Bewusstsein scheint eine notwendige evolutive Errungenschaft zu sein, eine Bedingung für das höhere Risiko hoch entwickelter Organismen zu deren Schutz, Verteidigung und Selbstbehauptung, also eine bessere Absicherung ihrer hohen Gesamtkosten. Bewusstsein ermöglicht subjektiv empfundene Belohnung oder Bestrafung für richtiges oder falsches Verhalten, und es wirkt dadurch auf die Verstärkung des richtigen Verhaltens zurück (2). Der Pflanze dagegen ist es noch ziemlich egal, ob sie abgefressen wird, sie verfügt noch über robustere, simplere und billigere Mechanismen für Regeneration, Fortpflanzung und Selbsterhaltung. Ähnlich ist es in der Technik einem Roboter gleichgültig, ob ihm der Stecker gezogen wird. Seine scheinbare Autonomie und gespielte Gefühlsreaktion ist künstlich, denn sie ist fremdabhängig. Bewusstsein dagegen begründet eine radikalere Form von Autonomie, Autarkie und Selbstkontrolle im Unterschied zu Pflanzen und digitalen Maschinen.

Wir bezeichnen hier als unseren *Bewusstseinsraum* die Gesamtheit all dessen, was uns durch eigenes Nachdenken, durch

Gedächtnis und durch den ständigen Informationsfluss unserer Sinne zum Erlebnis wird. Das Erwachen eines solchen Bewusstseinsraumes ereignete sich sicher und spätestens schon bei den höheren Säugetieren und besonders bei den Primaten. Bewusstes Empfinden und Wahrnehmen ist hier aber noch ganz auf das Erleben des tierischen Daseins im Hier und Jetzt der Gegenwart beschränkt, also auf die aktuellen Aktivitäten und Leistungen zur direkten Lebenssicherung. Die primären Anlässe hierzu sind Zustände und Ereignisse, die solche Reaktionen wie Hinwendung oder Flucht, Hunger und Durst, Appetenz und Triebbefriedigung auslösen und damit verstärkend auf die passenden Reaktionen zurückwirken. Die Erlebniswelt ist hier noch ganz auf solche Akte instinktiver Daseinsvorsorge beschränkt, es gibt noch keine Erweiterung über diese raum-zeitlichen Naherlebnisse und das Kurzzeitgedächtnis hinaus, der Tod ist noch nicht dauernd präsent. Es gibt deshalb noch keine Metaphysik und keine religiöse Metawelt. Das Tier ist – verglichen mit uns – ein noch problemloses Wesen, wie dies schon Immanuel Kant bemerkte, und dieser Zustand markiert die erste Stufe der evolutiven Entwicklung von Bewusstsein.

Bewusstseinsstufe 2 –
Das religiöse Erwachen – Die Zeit der Hochreligionen

Unsere eigentliche *Menschwerdung* zum *Homo sapiens* verdankt sich wohl mehr als der Entwicklung anatomischer Merkmale einem beschleunigten kognitiven Prozess, begleitet und verursacht durch die annähernde Verdopplung des Hirnvolumens in der aufsteigenden Primatenreihe, und Religiosität ist ein inhärenter Begleit- und Folgeeffekt dieser kognitiven Entwicklung. Schon höhere Tiere besitzen kausal-analytische Fähigkeiten, die es ihnen erlauben, für akute Widerfahrnisse deren Ursachen und Folgen nach assoziativen Regeln zu erschließen und so künftig positive Ereignisse gezielt zu suchen und negative zu meiden, sie sind also lernfähig. Solche analytische Kompetenz schafft Freiheit zur Kontrolle der Lebensbedingungen, wovon letztlich die Fähigkeit zum Überleben, die Tüchtigkeit und die Fitness abhängt. Und deshalb setzten auch die Selektions- und Auslesemechanismen gerade an dieser kognitiven Kompetenz an, sie förderten analytisches Nachfragen und Nachdenken, das Abstraktions- und symbolische Darstellungsvermögen sowie die Sprachfähigkeit als Voraussetzung für Kommunikation und komplexes Sozialverhalten. Was ist die Ursache von A, was die von B, von C, und so weiter? Die Abfrage solcher Kausalketten bleibt beim Übergang zum Homo sapiens aber nicht mehr im gestern und morgen stehen, sie verlängert sich in die Vergangenheit und in die Zukunft weit über die Lebensspanne des Einzelmenschen hinaus: Wo kommt alles her, wo hat es angefangen und wo endet es? Was ist sein Grund, und was sein Sinn und Zweck? Zugleich aber ist die erfahrbare Welt an die Reichweite unserer Sinne, an unsere Optik und an den mit einfachen motorischen Hilfsmitteln noch erschließbaren Erkundungs- und Verfügungsraum gebunden. Auch ihr Zeitraum und ihr Alter ist von den Erinnerungsketten und Erzählungen vergangener Generationen abhängig. Die so erfahrbare Welt ist für das kleine Individuum zwar groß, aber nicht ewig und unendlich.

Diese neue verlängerte Fragenkette und die Existenzsorgen finden aber keine einfache, nachprüfbare und befriedigende Antwort mehr, sie münden ins Offene. Doch auch offene Fragen sind auf Dauer eine Belastung. Wir Menschen, d. h. unser kognitiver Apparat neigt spontan und automatisch dazu, für solche Fragen wenigstens vorläufige Erklärungen zu konstruieren und sie mit solchen Deutungen zu beantworten, die zu unserem sonstigen Erfahrungs- und Wissensstand passen und uns vertraut sind, wir füllen so die Lücken aus und runden unser Weltbild verständlich ab. Es ist in unserer Philosophie- und Kulturgeschichte Usus geworden, die Fragengruppe, auf die wir keine konsensfähigen und durch Erfahrung überprüfbaren Antworten mehr finden, Metafragen zu nennen, und die Antworten und Erklärungen, die wir dazu liefern, als *Metaphysik* zu bezeichnen. Solches abschließende Begründen und Erklären geschieht in und mit uns mehr spontan und unwillkürlich, es gehört zu unserer natürlichen geistigen Verfassung und Mitgift, auch wenn diese Begabung bei verschiedenen Menschen unterschiedlich entwickelt ist.

Unsere offenen Metafragen zielen letztendlich auf das, was wir das Absolute, das Unbedingte und Unverfügbare nennen. Wir erfahren und spüren, dass unser Leben durch getroffene Entscheidungen in Festlegungen und Verfügungen eingebettet ist, die einfach gefallen sind, und auf die wir weder durch Erkenntnis noch durch Manipulation freien Zugriff und Einfluss haben. Wir müssen diese Bedingungen unseres Daseins und die unserer Welt ohne Einspruch und Gegenbedingung hinnehmen. Mit Rebellion dagegen zerstören wir uns nur selbst, denn zur Wahrheit unseres Daseins gehören auch und gerade solche offene Fragen und Festlegungen. Das Konzept eines allmächtigen Wesens, die *Idee Gott*, ist dann unsere letzte und oberste Antwort auf alle diese Fragen. Aber auch unser Selbsterhaltungstrieb wirkt positiv verstärkend auf die Herausbildung einer Metaphysik. Der Mensch ist wohl das erste und bisher einzige Wesen, das sein Leben durchgängig im wachen Bewusstsein seines persönlichen Todes verbringt. Damit erfährt er sich aber in einem existenziellen Konflikt und Widerspruch zu seinem vitalen Willen zum Überleben. Die Vorstellung einer Metawelt mit der Chance für persönliches Weiterleben entschärft diese Krise und stabilisiert damit die kognitive Fixierung einer Jenseitserwartung. Das Bewusstwerden des absoluten Horizontes mit seinen letzten Begründungsfragen, die Idee Gott als Antwort darauf und die Metaphysik einer jenseitigen Welt markiert die *Stufe 2* der evolutiven Entwicklung unseres Bewusstseins.

Zu allen Zeiten und in allen Kulturen haben Menschen versucht, auf solche Letztfragen Antworten zu suchen und zu finden. In archaischen Frühkulturen taten dies herausragende Seher, Propheten und Priester. In den entwickelteren Phasen unserer Kultur formierte sich dafür eigens die akademische Spezialistenzunft der Philosophen und Theologen. Sie entwickelten verschiedene hochdifferenzierte theoretische Systeme und Gedankengebäude, also eine explizite Metaphysik, als Antwort und Erklärung für die oben gestellten Letztfragen in klarer Unterscheidung zum erfahrbaren Wissen von und über unsere vordergründig reale Lebenswelt. Es besteht unter den Realwissenschaftlern – Physikern, Chemikern, Biologen etc. – heute zwar weitgehend Konsens darüber, dass eine theoretische Beschäftigung mit solchen metaphysischen und theologischen Fragen und Problemen keine Wissenschaft im strengen Sinne ist. Doch damit ist die Berechtigung und Legitimität solcher Bemühungen keineswegs kategorisch als sinnlos bestritten und ausgeschlossen, denn wir können auf Sinn- und

Letztfragen nicht verzichten, und auch strengste Wissenschaft kann sie uns nicht beantworten.

Vernunft und Verstand sind die Kernfunktionen unseres kognitiven Apparates. Sie und ihre Leistungen sind in der Evolution langsam nach Bewährungsregeln gewachsen, auch sie sind kein statisches einmalig fix und fertig erschaffenes Produkt. Sie haben ihre geburtsnahen naiven Frühstadien und unterliegen evolutiven Bedingungen von Wachstum und Entfaltung. Sie begannen rudimentär mit archaischen Urformen, verzweigten und diversifizierten sich und wuchsen zu unserer heutigen vielleicht nur vorläufigen Hochform heran. Kulturgeschichte, Wissensgeschichte und Religionsgeschichte verdanken sich unserer kognitiven Entwicklung, sie unterliegen einem wechselseitig abhängigen Bedingungsverhältnis, und alle diese drei Teilbereiche haben ihre verschränkte Dynamik. Sie entwickeln sich auseinander, miteinander und zueinander, sie sind zusammen unsere Geistesgeschichte, und ganz besonders die Religionsgeschichte ist eine Folge- und Begleitwirkung unserer Wissensgeschichte.

Die prähistorische Epoche, also die Alt- und Jungsteinzeit, ist die Morgendämmerung und das Erwachen des religiösen Bewusstseins mit seinen einfachen Symbolen und rituellen Handlungen (3). Deren charakteristischen Merkmale sind Grabbeilagen, die auf Vorstellungen von jenseitigen Welten und individuellem Weiterleben darin hindeuten. Die Metaphysik der Frühzeit dieser Epoche ist noch archaisch animistisch und spiritistisch. Danach wird die Natur, vor allem die organische, als bewohnt und belebt von immateriellen Kräften gedeutet, von dämonischen Wesen und Geistern, die die eigentliche Ursache für alle Dynamik und Bewegung sind. Ähnliche Deutungen erfahren auch physikalisch-anorganische Phänomene wie Wind und Wolken, Quellen und Berge, Blitze, Donner und Gestirne. In solcher Deutung von Naturdingen durch eine Doppelexistenz liegt der Ursprung für das dualistische Denken, das für die meisten Religionen so typisch ist: Es ist die Trennung der stofflich toten Materie von einer Leben und Bewegung spendenden hauchartigen Substanz, die Trennung von Materie und Geist, und auch wir Menschen sind eine Koexistenz von Leib und Seele. Kausal-analytische Erklärungen des Naturgeschehens durch energetische Prozesse und deren Transformationsgesetze, die Ursachen postulieren und ihre Folgen und Wirkungsketten vorhersagen lassen, sind in diesem Entwicklungsstadium noch nicht in Sicht.

Eine explizite Gottesvorstellung entwickelte sich wohl erst durch die zunehmende Personalisierung der animistischen Naturkräfte und Gewalten, und diese bestimmt die weitere Entwicklungslinie des religiösen Bewusstseins. Dabei werden die hintergründigen Mächte nach dem Bild unserer menschlichen Selbstwahrnehmung personifiziert und entwickeln sich anthropomorph zu Herrschaftsfiguren, aber auch zu verehrungswürdigen göttlichen Dialogpartnern weiter. Diese Entwicklungslinie erzeugt zunächst einen üppigen Polytheismus wie er uns in den Epen eines Homer und klassisch ausdifferenziert in der griechischen und römischen Mythologie begegnet. In ihnen lenkt und beeinflusst ein hierarchisch gegliedertes Göttergeschlecht die Geschicke der Menschen. Aber unübersehbar äußert sich der menschliche Charakter dieser Götterwelt auch in ihren Leidenschaften und menschlichen Lastern. Sie ist ein treues Spiegelbild unserer Selbsterfahrung und Begrenztheit.

Die praktisch-moralische Metaphysik dieser Entwicklungsstufe lässt ebenfalls bereits die Grundzüge der entwickelteren Religionsformen erkennen: Die vertikale Aufteilung der Schöpfung in Himmel, Erde und Unterwelt, die Vorstellung von persönlichem Gericht, von Lohn und Strafe für eine mehr oder weniger gesetzestreue Lebensführung, sind zumindest rudimentär schon vorhanden. Könige und Priester herrschen als Stellvertreter der Götter, und ihre Gesetze und Urteile sind somit durch höhere Autorität legitimiert. Opferhandlungen und Rituale dienen dem Zweck, die Gottheiten gnädig zu stimmen oder ihren Zorn zu besänftigen und ihren machtvollen Beistand für die Gestaltung des irdischen Lebens zu erlangen (3).

Ihre Hochform und Blütezeit aber erreichen Religion und Metaphysik erst im Monotheismus der Offenbarungsreligionen, im Judentum, Christentum und im Islam. Wohl mehrere Umstände und Bedingungen führten zur Dominanz dieser Perfektion und Endgestalt unserer Gottesidee. Schon immer waren und sind einzelne besonders begabte Menschen Anlass und Ursprung für Erneuerung und Fortschritt. Für eigenständig denkende kritische Geister, z. B. für die griechischen Vorsokratiker, verlor der chaotische Polytheismus schon früh seine Glaubwürdigkeit. Ihre Kritik entwickelte sich in zwei Richtungen, entweder zu früher Aufklärung und Atheismus, oder zu monotheistischen Vorstellungen. Aber auch im vorderen Orient sorgten schon unter den Nomadenvölkern die Rivalitäten zwischen den verschiedenen Natur- und Stammesgottheiten für schärfere Abgrenzungen und damit für Identitätsstiftung durch die Profilierung alleiniger und einziger Stammesgottheiten.

Und schließlich ist dafür auch eine wichtige Eigenschaft unserer kognitiven Fähigkeiten nicht zu unterschätzen, nämlich die Tendenz, isolierte Einzelphänomene und chaotische Vielfalt, wo immer möglich, durch einheitlichere Struktur- und Ordnungsprinzipien zu ersetzen, wie es heute die Wissenschaft besonders erfolgreich praktiziert. Schon die frühe griechische Philosophie hat nach solchen einheitlichen monokausalen Mustern in der Vielfalt der Erscheinungen gesucht, und die vier Elemente Feuer, Wasser, Luft und Erde waren als verschiedene Vorschläge die Resultate solcher Bemühungen. Besonders herausragende Denker in dieser Frühphase waren aber Platon und Aristoteles. Demzufolge bildeten sich dann auch unabhängig in verschiedenen Kulturen monotheistische Schöpfungslehren und Religionsformen heraus, z. B. der Sonnengott in Ägypten, oder der Jaweh-Kult im jüdischen Volk der Israeliten, der sich dann im Christentum zum universellen Vatergott wandelte.

Zwei charakteristische Bestimmungen, die bereits der polytheistischen Vorstufe eigen waren, verschärfen und stabilisieren sich jetzt noch im Monotheismus: die Personalisierung und der Dualismus. Gott wird jetzt zur Über- und Idealperson. In ihm vereinen sich nur alle guten Eigenschaften und Qualitäten in höchster Vollendung, denn Gott ist allweise, allmächtig, allgütig usw. Er offenbart sich auch als Dialogpartner und übermittelt auserwählten Menschen seinen Willen als Gesetz, das schließlich als Heilige Schrift fixiert wird. Dementsprechend wird auch der Mensch als Person aufgewertet, er wird zum Ebenbild Gottes. Aber auch der Dualismus mündet in seine Endform. Geist und Materie sind ontisch getrennte Prinzipien oder Substanzen. Dem Geist aber gebührt absolute Priorität, denn Gott ist reiner Geist. Er erschafft frei und ungenötigt die materielle Welt aus dem Nichts und beseelt ihre organischen Geschöpfe. Seine weise Vorsehung überwacht, lenkt und bestimmt ihren Lauf, und seine unsichtbare Hand begleitet schützend die Geschichte der gläubigen Menschen und Völker.

Aber auch die praktische Metaphysik erfährt jetzt eine dualistische Steigerung und Verschärfung. Die Frage nach der Herkunft des Bösen und des Übels in unserer Welt wird jetzt erst recht zum Problem, denn sie lässt sich spätestens dann nicht mehr verdrängen, wenn Gott nur das absolut Gute ist. Sie wird jetzt erklärt durch die Existenz zweier personaler Wesen: Gott ist der Inbegriff alles Guten, der Teufel aber, der Diabolus, ist sein Widersacher und Gegenspieler in der Welt- und Humangeschichte, er ist das Böse in Person. Jedoch nur Gott ist und bleibt als *ens unum et absolutum* der alleinige Ursprung von allem, denn auch der Teufel ist als gefallener Engel ein Teil seiner Schöpfung. Warum aber Gott trotz dieser möglichen Panne die Schöpfung riskiert hat, das ist und bleibt bis heute das ungelöste Rätsel der Theodizee für die Theologen. An diesem Punkt der spekulativen Erklärungen aber erfährt die Gottesidee ihre kaum noch überbietbare Steigerung und Vollendung in theoretischer und moralischer Hinsicht. Gott ist gleichsam als perfekter Uhrmacher der weise Schöpfer und Ursprung von Welt und Menschheit, und er ist zugleich auch der oberste unbestechliche moralische Richter, vor dem sich jeder Mensch verantworten muss.

Der große ewig unveränderliche Gott hat natürlich seine Botschafter, Propheten und Stellvertreter auf Erden in der Menschheit. Konkret aber sind es die verfassten und rechtlich organisierten Religionen und Bekenntnisse, die seine Offenbarungsbotschaften verwalten, authentisch auslegen, an die Bedürfnisse der Zeiten anpassen und oft auch fantasievoll weiterentwickeln. Im Christentum wird der eine und einzige Gott zum dreifachen personalen Rollenträger, zu Gott als Vater, Gott als Sohn und Mensch, und zum alles belebenden Heiligen Geist. Dem Vorwurf eines Rückfalls in den Polytheismus weichen die frühen Kirchenväter aus durch das Konstrukt der Dreifaltigkeit. Danach besitzen die drei Personen die eine und einzige göttliche Natur als gemeinsames Wesen in ‚hypostatischer Union'.

Es gibt Religionswissenschaftler und Theologen, die in Paulus aus Tarsus den eigentlichen Begründer des universalen Christentums sehen. Zu seiner Zeit florierten orientalische Mysterienkulte wie z. B. der Mithraskult im römischen Heer. Ihre zentrale Figur und Botschaft war ein Gott oder gottähnlicher Mensch, der sich dem Tod auslieferte, diesen jedoch besiegte und zu neuem Leben erwachte. Die Anhänger solcher Kulte nahmen durch ein Weiheritual an dem Opfergang des Gottes teil, und damit erlangten sie auch Anteil an seiner Wiedergeburt. Paulus hat solche Kulte sicher gekannt und hat dieses religiöse Szenario auf die Person des Jesus von Nazareth übertragen. Anlass dazu war sein Damaskuserlebnis. In seinem Römerbrief hat er diese mystische Gedankenfigur ausführlich als die zentrale christliche Botschaft entfaltet und von seiner eigenen jüdischen Gesetzesreligion abgegrenzt.

Wir ziehen hier diese Entwicklungslinie am Beispiel der römischen Kirche, der wohl dogmen- und definitionsfreudigsten Konfession des Christentums, aus und zu Ende. Demnach ist die Kirche als pilgerndes Volk Gottes Abbild und Vorstufe des himmlischen Hofstaates mit seiner Hierarchie aus Seligen und Heiligen, Engeln und Erzengeln und mit der Gottesmutter Maria an der

Spitze – natürlich unterhalb des dreieinigen Gottes. Mit den Marien- und Papstdogmen, die der Kirche allein durch die Autorität des Papstes die Unfehlbarkeit in allen Fragen der Glaubens- und Sittenlehre sichern, ist die inhaltliche Entwicklung der Metaphysik und der Gottesidee im Abendland wohl an ihren endgültigen Schluss- und Höhepunkt gelangt.

Aber auch die Linie der moralischen Metaphysik erfährt einen fantasievollen Schlusspunkt, der sich den Vorstellungen von einem menschlichen Strafgerichtshof zu verdanken scheint. Die Menschheitsgeschichte mündet demnach in ein eschatologisches Endgericht als große Abrechnung. Dessen ganze Dramatik kommt im ,Dies irae ...' der Sequenz der katholischen Totenmesse zum Ausdruck: , Welch ein Graus wird sein und Zagen – Wenn der Richter kommt mit Fragen – Streng zu prüfen alle Klagen'. Das Jenseits wird zum dreistufigen Vollzugsort für Gerechtigkeit. Der Himmel für die Guten, Gerechten und Frommen. Das ewige Höllenfeuer für die schweren Sünder, reuelosen Verbrecher und Ketzer. Und schließlich eine mittlere Kategorie für die normalen Menschen mit ihren Fehlern und Schwächen, das Fegefeuer als Purgatorium, als Reinigungsort für das Absitzen zeitlich begrenzter Sündenstrafen vor dem Einlass in den Himmel. Und auch hier hat die Kirche noch die Definitionsmacht darüber, wie viele Tage Fegefeuer man sich als Sündenstrafe jeweils abverdienen kann (Ablass) durch Gebete, durch Bußübungen oder gute Werke. Auch andere Religionen wie der Islam kennen ähnliche fantasievolle Ausgestaltungen der jenseitigen Welt.

Die kognitiv-kulturelle Entwicklungsstufe, die wir hier als Bewusstseinsstufe 2 bezeichnen, hat sich schließlich geradlinig und konsequent als Vorstellungsraum und Rahmentheorie das ptolemäische Weltbild geschaffen. Es ist sinnesabhängig und besonders stark von unseren optischen Eindrücken bestimmt. Danach werden wir selbst mit unserer Erde als Zentrum von der Sonne, dem Mond und den Planeten umkreist, und der Fixsternhimmel als letzte empirisch noch erfahrbare Orbitalschale schließt diesen Kosmos gleich einer mehrschichtigen Käseglocke ab. Die frühchristlichen Theologen und die Kirchenlehrer des Mittelalters ergänzten und erweiterten dann dieses physische Weltbild um den metaphysischen Kosmos, um die Curia coelestis, den himmlischen Hofstaat, der über dem Fixsternhimmel angesiedelt ist. Dieser ist die Hierarchie der reinen Geistwesen aus Seligen, Heiligen, Engeln, Erzengeln, der Gottesmutter und mit dem personalen allmächtigen Gott als krönendem Abschluss. Das ptolemäische Weltbild, das menschlich-personale Gottesbild und die dazu passende Metaphysik sind eine integrierte Einheit, aus der man keinen Teil entfernen kann ohne Einsturzgefahr für das Ganze.

Die Frage drängt sich hier spätestens unabweisbar auf: Ist eine Weiterentwicklung und Perfektionierung in Richtung solcher Metaphysik noch zu erwarten, und ist dies überhaupt möglich und glaubhaft? Die Antwort ist wohl ein unzweideutiges Nein! Selbst nach der Lehre der Kirchen gilt die Offenbarung als endgültig und abgeschlossen. Die Gegenwart ist nur noch ein Warten auf die Parusie, die Ankunft Christi zum Weltgericht. Dann aber stellt sich die weitere Frage ebenso unausweichlich, ob nämlich dieses hochentwickelte Gottesbild mit seiner Metaphysik im realistischen Sinn wahr ist und eben kein Bild und Konstrukt der spekulativen Fantasie als Eigenschöpfung des Menschen. Und genau hier sind wir beim eigentlichen Kern der modernen Glaubensprobleme. Doch wahr oder falsch sind eher erkenntnistheoretische

Alternativen. Es geht hier auch und gerade um die praktische und existenzielle Frage, ob das personal-menschliche Gottesbild und seine Metawelt mit ihren üppigen Attributen und Eigenschaften in der realen Lebenswelt des heutigen Menschen noch seine Bestätigung durch entsprechende Erfahrung findet, ob es auch erlebbar wahr ist mit Gewicht und Bedeutung. Doch genau dies gilt für viele Menschen heute eben nicht mehr.

Viele Katholiken, die in ihrer persönlichen Biografie den Wandel von der unfehlbaren, triumphalistischen Kirche der Pius-Päpste zur heutigen ‚Protestkirche‘ noch erlebt haben, sind irritiert und schockiert. Sie erfahren die Diskrepanz zwischen der immer noch geltenden Glaubenswelt und der realen Lebenswelt, auch der realkirchlichen, gefühlt und ausdrücklich als kaum noch überbrückbare Verunsicherung ihres religiösen Selbstverständnisses. Sie erleben einen echten Metaphysikschock, und genau solches spiegelt sich im Rückgang der Kirchenmitgliederzahlen wieder. Die Gründe dafür sind sowohl theoretischer wie auch praktisch-moralischer Art. Aber die Religionskrise und ihre Folgen sind nicht nur eine private Krise der Gläubigen, sie sind auch kulturgeschichtlich und politisch für Staat und Gesellschaft von anhaltender Wirkung mit nachteiligen Folgen, denn sie hinterlassen ein Vakuum.

Bewusstseinsstufe 3 –
Erkenntniszuwachs durch Wissenschaft und Technik –
Die Krise

In theoretischer und praktischer Hinsicht hat sich unser Welt-
und Menschenbild gegenüber den Vorstellungen unserer tradierten Religionskultur inzwischen sprunghaft verändert dank der
Innovationen unserer instrumentellen Messtechnik. Denn unser
vorwissenschaftliches Weltbild stand tatsächlich auf tönernen
Füßen, es war ja vordergründig augenscheinlich im Vollsinn dieses Wortes, denn es war vom Schein unserer Optik und von unseren spontanen Sinneseindrücken abhängig, und die können uns
täuschen wie wir heute sicher wissen. Als aber der Mensch begann, mit Instrumenten und Messgeräten die Reichweite unserer
Sinne zu erweitern, die Naturphänomene genauer zu beobachten
und deren Ergebnisse mit Logik und Mathematik zu ordnen, er-
gab sich ein kausalgesetzlich ganz andersartig strukturiertes und
dimensioniertes Weltbild. Die Namen Kopernikus, Galilei und
Kepler, Newton une Darwin, Einstein und viele, viele andere stehen für einen beispiellosen Siegeszug des menschlichen Geistes
in Form der heutigen Naturwissenschaften. Dieser Revolution
unserer Erkenntnis durch die Anwendung von Instrumenten
verdanken wir den Auf- und Einstieg in die *Stufe 3* bei der Entwicklung unserer kognitiven Fähigkeiten und der Erweiterung
unseres Bewusstseinsraumes. Seine Abhängigkeit von unseren
Sinnen und den euklidischen Formen der Geometrie ist aber den
neuen Ausmaßen und Formen von Raum und Zeit mit ihren
abstrakten mathematischen Strukturen inzwischen nicht mehr
gewachsen.

Die Kopernikanische Wende ist der Startpunkt zu unserem heutigen Weltbild, und mit ihm verabschiedet sich unser so angenehm sinnlich-selbstevidentes ptolemäisches Weltbild. Kopernikus, Galilei, Kepler, Newton, Darwin, Einstein und ihre Community – sie alle haben beobachtet, gesammelt, gezählt, gemessen, gerechnet und vergleichend geordnet und sind dabei zur neuen Einsicht gekommen: Hinter und in der Schöpfung waltet ein anderes dynamisches System für Ordnung und Gestaltung, für werden, wachsen und vergehen, als das von uns bisher für gültig geglaubte. Aber damit stellt sich auch die Gottesfrage mit ihrer Metaphysik ganz neu und anders. Beide verlieren eine Hauptstütze ihrer bisherigen Begründung und Berechtigung. Ihre adaptive Anpassung, ihr Hinüberretten in das neue Weltbild ist schon rein wissenschaftlich nicht mehr möglich, aber auch spekulativ philosophisch ist sie kaum noch überzeugend zu leisten.

Denn der physikalisch-astronomische Kosmos ist jetzt räumlich und zeitlich praktisch unendlich. Seine noch überprüfbare Dauer misst sich in Milliarden von Jahren und seine Weite in Milliarden von Lichtjahren. Gemessen an seinen raum-zeitlichen Dimensionen gleicht unsere menschliche Existenz kaum dem Dasein von Eintagsfliegen. Der organisch-biologische Kosmos zeigt ebenfalls eine ganz andere kausale Dynamik bei der Entfaltung seiner Schöpfungsstrategie als dies unseren Vorstellungen von zielgerichtetem Erschaffen entspricht, und sie ist offensichtlich noch nicht zu Ende. Die Wissenschaft – eher selbst verlegen und unsicher – spricht hier beim Gestaltungsmodus von Selbstorganisation. Diese basiert auf statistischen Gesetzen dynamischer Prozesse, auf Versuch und Irrtumskorrektur, auf spielerisch-willkürlichen Entwürfen und gezielter Auslese, auf Zufall und Notwendigkeit. Das Gesamtphänomen Evolution zeigt eher monistische anstelle der uns eingeprägten dualistischen Züge. Der Weltstoff ist nicht tot, um nachträglich fallweise beseelt zu werden, er wirkt als eine stofflich-energetische und kausalgesetzlich organisierte Einheit (4, 5, 6, 7). Aristoteles und Thomas von Aquin sind in der heutigen Wissenschaft als Autoritäten für Hypothesen- und Theoriebildung höchstens noch von historischer Bedeutung.

In der Nahrungspyramide lebt ein organisches Wesen vom anderen – besonders auch wir Menschen, und diese Abhängigkeit gehört hier zu den primären Konstruktionsprinzipien, sie verdankt sich keiner sekundären Panne, keinem Sündenfall oder ähnlichem. Die Zeit der beruhigenden Geo- und Anthropozentrik ist abgelaufen, und selbiges gilt auch für die anthropomorphe Metaphysik. Was diese betrifft, so sind wir uns sicherer mit negativen Aussagen, d. h. wie sie nicht ist, als mit positiven, wie sie ist oder sein sollte. Selbiges gilt auch für unser Gottesbild, und genau damit sind wir wieder bei Grund und Ursache der gegenwärtigen Religionskrise. Denn schon nach dem Kirchenlehrer Thomas von Aquin führt ein falsches Naturverständnis zu einem falschen Gottesbild, beide müssen zusammenpassen. Im Umkehrschluss gilt dann aber auch: Ein korrigiertes und grundlegend verändertes Natur- und Weltbild kann auch unsere Vorstellung von Gott nicht unberührt lassen. Für viele Bildungsbürger und Gläubige bleibt daher ein echter Metaphysikschock (4). Ja, das neue kosmologisch-biologische Weltbild ist die neue Geschäftsgrundlage für jedes künftige theologische und metaphysische Nachdenken.

Doch mindestens ebenso schwer oder noch schwerer als die theoretischen wiegen auch die praktisch-moralischen Gründe für die religiöse Verunsicherung und die Glaubenskrise. Sie betreffen die profane Weltgeschichte ebenso wie die faktische Religionsgeschichte. Die Katastrophen zweier Weltkriege, die von christlichen Kulturen und Staaten gegeneinander ausgefochten wurden, oft mit ausdrücklicher Berufung auf Gott, sind ein kaum noch zu überbietender moralischer Super-GAU. Aber auch die Geschichte der Religionen selbst ist voll von Kriegen und blutiger gegenseitiger Gewalt mit Kreuzzügen, Inquisition, Folterkammern und Scheiterhaufen, denn auch die Offenbarungsreligionen spielten bei unserer Gewaltgeschichte in vorderer Reihe mit. Allein schon ihre dreifache Existenz ist provokativ, weil sie sich mit ihren drei kaum verträglichen Offenbarungstexten auf den selben Gott berufen, und jede von ihnen zusätzlich noch aus mehreren rivalisierenden Konfessionen besteht. Und falls man auch noch die Skandalgeschichten und Missbrauchsfälle der römischen Kirche hinzunimmt, die sich ausgerechnet in der Zunft der Kleriker und Ordensleute, dem Stand der christlichen Vollkommenheit, abspielten, so ist selbst für glaubensstarke Menschen das kritische Maß an Zumutbarkeit erreicht oder schon überschritten.

Aber auch die Wirkung der digitalen Informationstechnik auf die Glaubenstreue der Menschen ist nicht zu unterschätzen, denn sie fördert nicht nur seriöse Aufklärung und Bildung durch sach- und wahrheitsgemäße Information, sondern ebenso auch Verwirrung und mentales Chaos. Ein liberaler unbehinderter Zugang zum digitalen Netz für alle erzeugt unvermeidlich ein Sammelsurium aus wahren und falschen Behauptungen, aus realen und erdichteten Fakten, aus dem dann jeder das zu seinem Bewertungsmuster Passende heraussuchen kann. Die Zeiten der homogenen Konfessionsinseln, in denen religiöse oder politische

Autoritäten die Informationsflüsse gezielt überwachen und kontrollieren konnten, sind unwiederbringlich vorbei. Die neu entstandene diffuse Verunsicherung durch das digitale Netz ist für die persönliche Orientierung, aber auch für die ethisch-moralische der ganzen Gesellschaft ähnlich schädlich wie eine einseitig gesteuerte Beeinflussung durch Regierung, Parteien und Medien.

Die Erfolgsgeschichte der Wissenschaft und die Konfliktgeschichte der profanen Staaten und der Religionen, konfrontiert den modernen Bildungsbürger, der sich an das klassische Gottesbild noch gebunden fühlt – mit schwer erträglichen kognitiven Dissonanzen, die in der Unverträglichkeit zweier Welten, der erfahrenen realen, und der religiösen Vorstellungswelt gründen. Zentrale Lehren des Christentums verlieren ihre Überzeugungskraft. Der Sündenfall, die Erbsünde sowie die Vertreibung aus dem Paradies und die Deutung der Kreuzigung des Jesus von Nazareth als Opfer zur Erlösung davon – das alles findet im evolutionären Welt- und Menschenbild keine Entsprechung oder Anhaltspunkte, wenn man die biblischen Texte real-geschichtlich und nicht nur symbolisch deutet.

Besonders die römische Kirche hat sich juristisch und dogmatisch auf einen Berg aus Glaubenssätzen und Kirchengeboten hochdefiniert, den sie ohne Gesichtsverlust kaum noch verlassen kann. Ihre steile fünfstufige Hierarchie aus Laien, Priestern und Ordensleuten, Bischöfen, Kardinälen und dem Papst als einsame Spitze ist kaum mit den Absichten ihres Stifters vereinbar. Die Schlussfolgerung drängt sich daher auf: Wenn es Gott so gibt wie ihn die Offenbarungsreligionen als personales Wesen lehren und verkünden, müsste er sich eindeutig in der Krise offenbaren, helfend eingreifen und das Chaos beenden oder es schon gleich verhindern. Wenn er dies aber nicht tut, so gibt es ihn in dem Verständnis, mit dem ihn die Religionen lehren und verkünden, wohl nicht. Dies sagt uns unsere einfache Logik, und eine andere haben wir nicht. Die Sache mit Gott verhält sich dann doch etwas anders. Zur Konkretisierung hierzu ein markanter Satz aus der Bibel: ‚Was Gott verbunden hat soll der Mensch nicht trennen'. Demnach müsste jede Ehe eigentlich harmonisch funktionieren, und eine Scheidungsrate von 30% ist damit nicht zu vereinbaren, denn Gott hätte dann Falsches und Unpassendes verbunden.

Letztendlich bleibt die Metaphysik für uns als geistige Herausforderung ein Buch mit sieben Siegeln. Jedoch unsere Welt, der Kosmos und wir in ihm, sind als komplexes Ordnungsgefüge zunächst einmal ein unbestrittenes Faktum. Sie sind die Realität schlechthin und damit der Ausgangspunkt für alle weiterführenden Denkversuche. Die Physik ihrer vordergründigen Kausalstrukturen können wir hinreichend gut verstehen und praktisch nutzen, aber deren hintergründige Metaebene, ihre eigentliche Ur-Sache und der Ursprung, dem sich unsere phänomenale vordergründige Welt verdankt, entzieht sich hartnäckig unserem Begreifen und Verstehen. Und dennoch können wir vor diesem Problem als ‚Vorwurf' und Provokation für unseren Verstand nicht einfach kapitulieren. Wir können uns ihm nicht entziehen und müssen als Vernunftwesen dafür Erklärungen basteln, auch wenn wir damit scheitern oder auf halbem Weg stehen bleiben und diese Frustration dann ehrlich ertragen müssen. Wir stecken bei diesem Versuch in einem echten Trilemma mit drei Angeboten für eine Lösung, von denen keine mehr uns restlos befriedigt, denn jede verlangt von uns einen Rest an Glauben.

Der erste Lösungsversuch ist – nochmals – der klassisch religiöse Ansatz. Er erklärt die Ordnungsstrukturen unserer Welt durch direkte Finalität nach Art unserer eigenen technisch-künstlerischen Zwecksetzung, und dieser Weg endet bekanntlich bei einem weisen, intelligenten personalen Wesen, bei unserem klassischen Gottesbild. Diese Erklärung ist jedoch nur schwer verträglich mit den realen Strukturen und Dimensionen des faktischen Kosmos und kaum vereinbar mit den Konstruktionsmechanismen der Evolution. Diese sind zwar auch hoch intelligent, aber alles andere als anthropomorph finalistisch. Das zweite Lösungsangebot verlässt sich dann ganz auf den Zufall, und es mutet uns damit eine doppelte Absurdität zu. Denn das Sein ist einfach da, oder es entspringt per Zufall dem Nichts, und dann verdankt sich seine Fähigkeit zu hochgradiger Ordnung auch noch dem Zufall. Solch Grund-loses Entstehen widerspricht aber zentralen Grundsätzen unserer Vernunft.

Der dritte Versuch zu einer Entwirrung des metaphysischen Knotens ist wissenschaftsnäher, doch auch er ist nur ein Stück weit rational nachvollziehbar und endet dann auch in der Aporie eines offenen ungangbaren Feldes. Hier ist die ‚Selbstorganisation der Materie' das zentrale Stichwort. Ausgangspunkt ist der begabte und intelligent programmierte Weltstoff als Urmaterie oder Plasma, der seit dem Urknall sein Potenzial nach immanenten Gesetzen entfaltet und sich unter günstigen Rahmenbedingungen auf unserer Erde als organismische Evolution selbst organisiert. Bis zurück zur Urexplosion ist dieser schöpferische Prozess noch befriedigend nachvollziehbar, doch auch dann verliert er sich in spekulativen Hypothesen, im Geflecht von Anfangsbedingungen und Feinabstimmungen, die als gesetzt und gegeben einfach hingenommen werden müssen (6,7). Und an diesem Punkt können wir dann wieder an Gott als letztem Notnagel für alle offenen Fragen alles verankern, oder aber wir müssen – was wohl auf dasselbe hinausläuft – hier unser Leben mit seinen offenen Fragen annehmen, wagen und ertragen. Für dieses Schöpfungskonzept würde dann aber die Metapher gelten: Hier schwebt der Geist Gottes – biblisch gesprochen – nicht über den Wassern des Urgrundes, er wohnt den Anfangsbedingungen selbst inne, er ist ihr inneres Wirkprinzip. - Im Grunde durchlaufen auch wir heutige Menschen in unserer persönlichen religiösen Entwicklung diese drei soeben skizzierten Bewusstseinsstufen vom Kleinkind bis ins hohe Alter, und jeder und jede kommt dabei auf verschiedener Stufe zu seinem persönlichen Reifegrad.

II. Grenzenlosigkeit –
Die Identitätskrisen in Staat und Gesellschaft

Unsere Schöpfung ist keine diffuse Wolke oder amorphe Masse, sie besteht vielmehr ausnahmslos aus diskreten Einheiten, die durch Grenzen von einander geschieden und getrennt sind. Die Ontologie unserer realen Welt ist durchgängig ‚definiert', d. h. abgegrenzt, von Grenzen durchzogen, die Identitäten schaffen und damit Verwechslungen verhindern. Abgesehen vom Mikrobereich der Elementarteilchen mit ihrer Doppelnatur ist unsere Welt vom Atom über das Molekül bis hinauf zum Fixstern mit diskreten Objekten ausgestattet. Auch in der organischen Welt wird dieses Prinzip fast ausnahmslos übernommen vom Einzeller bis hinauf zu uns Menschen als Individuen. Selbst unser Gehirn besteht aus Milliarden Neuronen, die durch Synapsen voneinander unterschieden und getrennt sind. Schon Bakterien sind von einer semipermeablen Membran umgeben, die es ihnen ermöglicht, gezielt bestimmte Substanzen aufzunehmen, andere aber selektiv abzuwehren. Jeder Versuch, auf dieses begrenzende Organell zu verzichten, wäre für sie Selbstauflösung und Tod.

Der Mensch als Individuum ist in seiner Leistungsfähigkeit begrenzt. Eine Weiterentwicklung und Steigerung der Leistungsfähigkeit erfolgt deshalb durch Kooperation und Arbeitsteilung zwischen den Einzelwesen, die dabei aber ihre Identität nicht aufgeben. Symbiosen und Sozietäten als Struktur- und Funktionsprinzip sind dabei die Regel, Selbstauflösungen durch Zellfusion und Synzytien sind in der Biologie die Ausnahme. Wir Menschen praktizieren die Arbeitsteilung in einem gestuften

System aus Gemeinschaften mit Rollenverteilung auf verschiedene Funktionsträger. Die Familie ist dabei die unterste unersetzbare Basiseinheit. Es folgen zivile und religiöse Vereine, die Kommune als Dorf oder Stadt, und schließlich der Staat mit seiner Gesellschaft. Doch auch noch auf diesem Niveau schließen sich Staaten zu Interessens- und Verteidigungssozietäten zusammen ohne dabei ihre kulturelle und historische Identität vorschnell aufzugeben. Dieses kooperative System ist nach dem Prinzip der Subsidiarität aufgebaut, bei dem auf jeder Ebene zunächst die spezifischen Probleme autonom geregelt werden bevor sich Funktionsträger der höheren Ebene einschalten.

Dieses gestufte System aus kooperativen Einheiten ist kein beliebig willkürliches Konstrukt des Menschen, es ist eine naturgegebene Ordnung, die immer dort, wo sie respektiert und praktiziert wurde, den Menschen Frieden, Sicherheit, Stabilität und redlichen Wohlstand gewährte. Doch gerade sie ist in der Gegenwart der Auflösung und Auszehrung ausgesetzt durch verschiedene Entgrenzungen, die besonders den Staat mit seiner Gesellschaft in ihrer tradierten Form und Fassung in heillose Identitätskrisen stürzen. Alle seine wesentlichen Struktur- und Funktionsteile sind davon betroffen: das Staatsgebiet, das Staatsvolk und die Staatsgewalt, denn die Kräfte der Auflösung wirken synchron und konzentriert aus den verschiedenen Richtungen seiner eigenen Teilstrukturen: aus Technik, Ökonomie, Politik, Justiz und Sozialwissenschaften. Ihre Wirkungen sind recht zweischneidig – sie bringen den betroffenen Menschen einige vordergründige Segnungen, daneben aber auch neue Unfreiheit, materielle Unsicherheit, Zukunftsängste und Heimatlosigkeit.

Grenzenloser Liberalismus – Unfreiheit statt Freiheit

Politisch leben wir in der Großwetterlage des Liberalismus seit dieser die sozialistischen und faschistischen Diktaturen des zwanzigsten Jahrhunderts abgelöst hat. Er bescherte uns über viele Jahre Wachstums- und Befreiungsschübe, deren Automatik sich durch keine Grenzen zu mäßigen scheint. Statt Zwang und Tyrannei genießen die meisten Menschen Freiheit, Wohlstand und soziale Absicherung wie dies ihren Vorfahren nie gegönnt war. Die Fortsetzung dieser Erfolgsgeschichte scheint durch den Liberalismus geradezu garantiert zu sein. Zufriedenheit, Zuversicht und Vertrauen in die Zukunft bei seinen Bürgern sollten deshalb die typischen Kennzeichen liberaler Gesellschaften und Staaten sein. Doch leider passt das faktische Stimmungsklima in unserer politischen Gegenwart nicht mehr zu diesen Erwartungen, denn der Liberalismus beschert uns zu oft das Gegenteil dessen, was er verspricht. Die Diskrepanz zwischen Versprechung und Erfüllung ist die erfahrene Wirklichkeit. An Stelle von Harmonie und Vertrauen in den Staat dominieren eher Unbehagen, Verunsicherung, Misstrauen und offene Aggressivität zwischen den Menschen.

Der Grund für diese Enttäuschung über die paradoxe Wirkung des Liberalismus liegt in der begrifflichen Bestimmung von Freiheit selbst. Dazu eine kurze analytische Klärung. Freiheit ist ein Ideal, doch realiter erfahren wir sie als Negation, als Abwesenheit von Zwang und Nötigung, von Behinderung und Einengung bei unserem Entscheiden und Handeln. Freiheit ist zunächst und an sich eine notwendige Rahmenbedingung und Voraussetzung für verantwortbares Tun und Lassen, sie ist eine reine Form und Bedingung ohne inhaltliche Bestimmung und Festlegung. Ziele, Inhalte und Zwecke müssen der Freiheit nachträglich von anderswoher – einem Wertesystem – gesetzt werden, sie bringt diese nicht schon selbst mit. Sie ist ein notwendiges Mittel, jedoch kein selbstgenügender Zweck. Freiheit ist immer zuerst Freiheit von, aber nicht schon Freiheit zu etwas. An dieser negativen Bestimmtheit liegt es, dass sich jeder und jede für jedes noch so abwegige Ziel und Interesse auf Freiheit berufen kann und dass man für die Freiheit von etwas schneller Menschen gewinnen kann als für die Freiheit zu etwas Bestimmten. Gegen eine Diktatur gehen wie bei der Wendezeit schnell viele auf die Straße, wenn es aber dann um positive Alternativen geht, wird es schon schwieriger.

Unsere Freiheit realisiert sich für uns in der Abfolge dreier Stufen: in den Gedanken, in den Worten und in den Werken, also in unseren Taten. Und diese drei Stufen bestimmten schon im alten katholischen Beichtspiegel die Schwere der Sündhaftigkeit. In dieser Reihenfolge aber müssen wir der Freiheit auch Schranken und Grenzen setzen. ‚Die Gedanken sind frei, wer kann sie erraten?‘ Sie sind beinahe absolut frei, denn sie sind privat in der Innenwelt der Person verschlossen und verletzen noch niemand. Sie sind aber die ursächlichen Vorläufer der nachfolgenden Stufen zwei und drei. Dem Wort und der Sprache sind dagegen schon engere Grenzen gezogen, denn sie können als aggressive Äußerungen andere verletzen und beleidigen. Aber der andere kann sich noch leichter gegen Worte verteidigen, er kann sie ignorieren oder sie mit Gegenrede entschärfen. Die Tat dagegen setzt äußere physisch-reale Fakten, sie schafft Tatsachen und verändert Realitäten, sie ist aggressiver. Schon Goethe bemerkte, dass der

Handelnde immer schon intolerant ist. In dem Maße also, in dem wir unsere Freiheit von der gedanklichen Innenwelt in die Tat veräußern, beschneiden wir nolens-volens immer auch schon die Freiheiten anderer Mitmenschen.

Wie bei so vielen anderen Äußerungen unseres kulturellen Lebens – z. B. bei Nahrung, Kleidung und Wohnung – so gibt es auch beim Umgang mit der Freiheit die billigere und auch die anspruchsvollere Ausgabe. Und so wie schon bei der Heilkunde ein Wirkstoff abhängig von der Dosis zur heilsamen Medizin oder zum gefährlichen Gift werden kann, so ähnlich kann auch beim Handeln in Staat und Gesellschaft jedes Programm im rechten Maß entweder zur politischen Tugend oder bei Übertreibung zum gefährlichen Laster werden. Und ebenso ähnlich ist es mit der Freiheit. Als ehrliche Liberalität mit Maß und Grenzen ist sie eine positive notwendige Bedingung für menschliche Entfaltung und politische Gestaltung, grenzenlos praktiziert wird sie aber schnell zur destruktiven Ideologie.

Das dreigliedrige Funktionsschema der Freiheit bietet sich an, auch die heterogene Vielfalt liberaler Verständnisse in zwei konträre Lager zu gruppieren, in die Anhänger und Verteidiger der ehrlichen Liberalität einerseits, und in die Gefolgsleute eines emanzipatorischen Liberalismus andererseits. Die ehrliche Liberalität entscheidet und handelt verantwortlich nur und erst, nachdem sie den dazu nötigen Klärungsprozess durch Nachdenken und offene herrschaftsfreie Diskussion durchlaufen hat. Diese Form und Fassung ist deshalb ehrlich, weil sie nicht nur nach der Schokoladenseite der Freiheit greift, sondern auch zu deren Risiken und Kosten mutig steht und dafür haftet anstatt sie an die Gesellschaft abzuschieben. Sie ist konsequente Annahme des

Verursacher- und Haftungsprinzips, das den Menschen als mündiges Subjekt ernst nimmt. Konkrete Anwendungen solch seriöser Liberalität sind die Regeln des Marktes und des fairen Wettbewerbs ohne ihre kapitalistischen Exzesse. Dazu zählen auch die Symmetrieregeln von Leistung und Belohnung, von Rechten und Pflichten, von Anstrengung und Genuss. Solche Regeln sind die tragenden Pfeiler einer Ordo-Liberalität, und diese wieder ist weitgehend deckungsgleich mit einer reflektiert anspruchsvollen konservativen Grundeinstellung. Auch die Freiheit gibt es nicht zum Nulltarif!

Das konträre Gegenprogramm dazu ist der emanzipatorische Liberalismus und mit ihm wird die Freiheitsidee zur Ideologie. Er verkürzt die Vorstufen des Nachdenkens und offener Diskussion und geht vorschnell zur Durchsetzung seiner Interessen und Bedürfnisse durch die Tat über. Seine Fantasie ist grenzenlos bei der Erfindung und Definition immer neuer Rechte für Gruppen und Individuen ohne zu fragen, ob es für diese auch Pflichten und Aufgaben gibt. Ebenso spielt die Frage nach dem Gemeinwohl hier nur noch eine untergeordnete Rolle. Beispiele für die grenzenlose Fantasie dieser liberalen Spielart sind die Behauptungen, dass die menschliche Spezies aus beliebig vielen Geschlechtern besteht und dass man sich sein Geschlecht folgenlos frei auswählen kann. Auch die vorschnelle ungeprüfte Übertragung des Staatsbürgerrechtes an beliebige Einwanderer sowie die Absenkung des Wahlalters für unerfahrene Jugendliche stehen für einen sehr großzügigen Umgang mit dem kostbaren und teuren Gut der Freiheit, für die Fehlform von Freiheit ohne Pflichten

Die Form und Fassung des real existierenden Liberalismus weicht vom Ideal der Freiheit ähnlich ab wie der real existierende

Sozialismus vom Ideal der sozialen Gerechtigkeit abwich. Sie ist kontraproduktiv und erzeugt neue Formen von Zwang, Unfreiheit und Abhängigkeit anstelle von echter Freiheit. Doch die schiere Existenz verschiedener Auffassungen von Sinn und Zweck der Freiheit und des Umgangs mit ihr ist noch nicht das eigentliche Problem in offenen pluralen Demokratien. Die Pluralität gerät aber im Parteienstaat in Gefahr, wenn die Billigform des Liberalismus trotz ihrer intellektuellen und moralischen Defizite mit geschickter Manipulation und dreisten Behauptungen überproportional und einseitig die Geschicke in Staat und Gesellschaft bestimmt und jede Opposition diskriminierend ausschaltet. Nicht mehr der Faschismus, der Nationalismus oder der Sozialismus sind dann eine akute Gefahr für offene Demokratie. Vielmehr ein falsches Verständnis von Liberalität, nämlich ein permissiv-emanzipatorischer Liberalismus, ist die neue Bedrohung für Kultur, Natur und Humanität. Durch ihn wird der demokratische Rechtsstaat von innen her ausgehöhlt.

Grenzenloser Sozialstaat –
Das Gegenteil von Gerechtigkeit

Wir Menschen sind zugleich ein Natur- und ein Kulturwesen, die Kultur ist unsere zweite Natur. Das aber heißt, dass wir nicht mehr in einer rohen Natur von der Hand in den Mund leben, vielmehr dass all unser Konsum aus Produkten besteht, die wir als rohe Naturgaben sekundär veredelt und umgestaltet haben. Doch diese Veredelung und Umgestaltung wird uns nicht geschenkt, sie geschieht nur durch Arbeit, Disziplin und Fleiß.

Nahrung, Wohnung, Kleidung und alles Übrige verdankt sich diesem Hand-Werk und Geschäft. Deshalb muss sich jeder gesunde Mensch, der diese Kulturgüter genießt und konsumiert, nach Maßgabe seiner Fähigkeiten an diesem Geschäft beteiligen, denn das Selbstwertgefühl der Menschen und der soziale Frieden unter ihnen hängt auch und gerade von dieser Beteiligung möglichst aller ab. Dieses Sozialverständnis sollte deshalb ein unverrückbarer Bestandteil einer jeden seriösen Politik sein und bleiben. Arbeit und Lohn, Leistung und gesellschaftliche Teilhabe müssen in einem angemessenen Verhältnis stehen und sich gegenseitig abbilden. Die Arbeitswelt ist der typische Bewährungsfall für die politischen Ideale Gleichheit und Gerechtigkeit, und gerade sie haben eigentlich in einer ‚progressiven' Gesellschaft einen hohen Stellenwert.

Diese Zuordnungen und Symmetrieregeln haben sich in der Gegenwart gründlich verschoben. Arbeit und Einkommen als materielle Sicherheit sind bei großen Teilen der Gesellschaft nicht mehr in Deckung, sie haben sich zum Vorteil der einen und zum Nachteil anderer entkoppelt. Ein Grund dafür liegt bei der viel gepriesenen Tarifautonomie von Arbeitgebern und Arbeitnehmern mit ihren organisierten Verbänden. Diese Autonomie realisierte sich über Jahrzehnte hinweg faktisch in einem Poker- oder Erpressungsspiel mit oft fatalen faulen Kompromissen. Deutschland wurde so zu einem Hochlohnland ohne viel Verantwortung für die gesamtgesellschaftlichen Folgen. Arbeit als solche bekam schleichend einen negativen Beigeschmack für einen Großteil der Lohnabhängigen, sie musste entweder reduziert werden bei vollem Lohnausgleich oder höher bezahlt werden ohne Frage nach einer entsprechenden Produktivitätssteigerung z. B. beim

Öffentlichen Dienst. Nur gute, saubere, angenehme und gut bezahlte Arbeit blieb schließlich noch zumutbar.

Als Ergebnis und angenehme Errungenschaft in diesem Spiel wurde zunächst die 5-Tage-und 40-Stunden-Woche erstritten. Doch es gab keinen Stillstand und kein Halten. Über 37,5 Arbeitsstunden landete man schnell bei 35 Stunden pro Woche, und inzwischen ist die 4-Tage-Woche – natürlich ohne Lohnabstriche – Thema im sozialpolitischen Poker. Mit circa 30 Urlaubstagen nebst einigen kirchlichen und staatlichen Feiertagen als sogenannte Brückentage – deren Sinn die meisten nicht mehr kennen oder praktizieren – ist für große Teile der Lohnabhängigen auch ohne Krankheitstage annähernd jeder zweite Tag des Jahres arbeitsfrei. Das Renteneintrittsalter sank auf 63 Lebensjahre und die großzügige Gewährung von Frührente und Frühpensionierung erhöhte die Anzahl gesunder Leistungsempfänger ohne Arbeit. Mit den offiziell Arbeitslosen und inklusive der Bezieher von Bürgergeld, mit einer halben Million junger Menschen, die weder arbeiten noch studieren oder eine Ausbildung absolvieren, mit gesunden Rentnern und Pensionären unterhalb der Altersgrenze von 70 Jahren verfügt Deutschland insgesamt je nach Zumutbarkeitskriterien über eine Reservearmee an gesunden Arbeitskräften in Größenordnung von 10 bis 12 Millionen Menschen, die halbtags oder mit Teilzeitarbeit den Arbeitsmarkt entlasten könnten. Solche Zahlen lassen sich fast täglich den Tageszeitungen entnehmen. Als Bundeskanzler Helmut Kohl mit Bezug auf diese Entwicklung noch die Warnung aussprach, ‚mit der Freizeitgesellschaft lässt sich die Zukunft nicht gewinnen‘, erntete er dafür nur viel Spott und Entrüstung

Aber wie reagieren Staat und Gesellschaft auf diese Lage? Sie schicken ihre Spitzenpolitiker in Schwellen- und Drittweltländer wie Indien, Brasilien oder Rumänien und werben händeringend um Pflegekräfte für Krankenhäuser, Seniorenheime und Kitas, aber auch um Facharbeiter für Industrie und Handwerk. Politiker der FDP schätzen den jährlichen Bedarf an Fachkräften auf 400 000, und die Sprecherin der sogenannten Wirtschaftsweisen fordert sogar eine Zahl von 1,5 Millionen pro Jahr! Um die gesamtgesellschaftlichen Folgen solcher Zuwanderung machen sich diese Leute offensichtlich keine Gedanken. Die Schreiberin eines Leserbriefes an die FAZ (8.7.2023) bemerkt dazu kurz und bündig: ‚Fachkräfteabwerbung ist in hohem Maße unfair und unethisch‘. Recht hat sie!

Eine Folge solcher Trennung von Arbeit und Geldleistung ist der zunehmende Druck und Stress bei denen, die die bleibende und unverzichtbare Arbeitslast noch tragen müssen. Nahrungsmittel müssen nach wie vor erzeugt, Wohnungen gebaut und renoviert und Verkehrsmittel müssen produziert und repariert werden. Und weil jetzt Präsenzzeit belohnt wird und die Arbeitsstunden als Maß dafür gelten, jedoch nicht die faktische Leistung, versuchen die Arbeitgeber immer mehr Leistung in die verfügbare Arbeitszeit hineinzupressen. Die Letzten beißen auch dabei die Hunde. Wer tariflich nicht abgesichert ist oder es versäumt hat, in die Gruppe der arbeitsfreien Empfänger von Bürgergeld zu wechseln, gehört schnell zur prekären Unterschicht. Besonders aber Mittelständler geraten bei diesem Spiel in die Rolle von Verlierern. Handwerker, Bauern und Unternehmer mit Familienbetrieben sind in Personalunion zugleich Chef und Arbeiter, und damit hängt an ihnen eine dreifache Last und Bürde, eine physische, eine organisatorische und eine finanzielle Steuerlast. Sie tragen und stützen mit ihrer Arbeit zum großen Teil die arbeitsfreie Gesellschaft.

Die weitgehende Entkopplung der finanziellen Sicherheit von der Arbeit hat natürlich gravierende Folgen für das gesellschaftliche Klima. Die Gesellschaft zerfällt in zwei Gruppen, in solche, die noch für Geld arbeiten und andere gesunde arbeitsfähige Menschen, die Geld beziehen ohne dafür eine angemessene Leistung erbringen zu müssen und davon nicht schlecht leben. Es ist für den Staat leichter, Geld zu verteilen als für eine gerechte Verteilung der Arbeitslast zu sorgen. Als Geldspender dienen dafür inzwischen zwei gleichwertige Quellen. Einmal die Steuern der arbeitenden Menschen, zum andern eine progressive (fortschrittliche!) Staatsverschuldung. Diese beläuft sich inzwischen – Stand Sommer 2023 – für Bund, Länder und Kommunen auf 2400 Milliarden Gesamtschulden, was einer pro Kopf Verschuldung von knapp 30.000 Euro entspricht. Die Tilgung dieser Schuldenlast ist eine rein theoretische Frage, sie wird auf den St. Nimmerleinstag vorhergeschoben. Und von Migranten als staatlichen Leistungsempfängern ist bei diesen Betrachtungen noch nicht die Rede.

Die finanziellen und materiellen Bezüge solcher gesunder Menschen, die keine Arbeit verrichten, schieben sich immer näher an das Einkommen ganztägig arbeitender Menschen in den unteren und mittleren Lohngruppen heran. Die Differenz beträgt oft nur noch 100 oder 200 Euro, nach einigen Berechnungen ist sie nahe null oder sogar negativ zu Lasten der noch Arbeitenden. Auch solche Vergleiche mit den entsprechenden Zahlen lassen sich fast wöchentlich in glaubwürdigen Berichten überregionaler

Zeitungen nachlesen. Natürlich sind auch solche Zustände für die zunehmende Aggressivität in der Gesellschaft verantwortlich. Justitia pax – Gerechtigkeit schafft Frieden. So lautete der Wahlspruch eines Papstes. Von diesem Zusammenhang scheinen die heutigen Sozialpolitiker keine Ahnung mehr zu haben. Ein maßloser Sozialstaat schlägt irgendwann um in das Gegenteil dessen, was Gerechtigkeit als Staatsziel sein sollte. Wenn man noch in einer kleinbäuerlichen Subsistenzwirtschaft Mittelbadens mit ihren sieben Arbeitstagen pro Woche aufgewachsen ist, sieht man diese Entwicklungen mit etwas anderen Augen als ein durch Wohlstandsgewöhnung abgestumpfter Zeitgenosse der heutigen Konsumgesellschaft.

Grenzenlose Migration – Desintegration statt Integration

In der Migrationskrise wird die Grenzenlosigkeit physisch und anschaulich real erfahrbar. Nomadentum und Sesshaftigkeit sind zwei konträre Zustandsbeschreibungen, die die Kulturentwicklung der Menschheit angetrieben haben. Der Sesshaftigkeit verdanken wir unsere Kultur und Zivilisation mit allen ihren Segnungen durch eine Fülle von Kulturgütern. Das Nomadentum dagegen gilt als weniger entwickelt und wenig förderlich für die Kultur, denn größere Völkerwanderungen waren oft begleitet von Zerstörung, Krieg und Elend. Sie waren jedoch kein Dauerzustand und veranlassten entweder einen Neuanfang in den Zielländern, oder lang anhaltende Lähmung und Stagnation. Kleinere Fluchtbewegungen von Familien und Gruppen dagegen gab es immer und solcher Austausch hatte sogar positive, kaum aber nur negative Wirkung. Ein wesentlicher Grund für die relative Seltenheit von Völkerwanderung und ihre zeitliche Begrenztheit lag in den Gesetzen der Geographie mit ihren Entfernungen und der Mühsal auf den Wanderstrecken, die der früheren Mobilität einfach Grenzen setzten. Diese günstigen Umstände ermöglichten die Entstehung separater Kulturräume wie wir sie besonders in Europa und Asien kennen.

Die Rahmenbedingungen für dieses Gleichgewicht aus Sesshaftigkeit und mäßiger Migration haben sich inzwischen radikal geändert. Zur Benennung von Ursachen genügen schon wenige Stichworte: Schnelle Verkehrsmittel und Information, krasse Wohlstandsunterschiede und lokale demographische Gegensätze. Neue Transport- und Verkehrsmittel ermöglichen einen Ortswechsel zwischen Kontinenten innerhalb weniger Stunden und Tage. Das Mobiltelefon mit Videofunktion steht jedem und jeder zur Verfügung und ermöglicht den Austausch von Nachrichten und Bildern in Echtzeit rund um den Globus. Schockierende Armut und üppiger Wohlstand in verschiedenen Weltregionen, gepaart mit explodierender Bevölkerungsdichte dort und implodierenden Geburtenraten hier, erzeugen eine bedrohliche Spannung. Prognosen gehen davon aus, dass die Einwohnerzahl Afrikas in wenigen Jahrzehnten die Grenze von zwei Milliarden überschreitet. Dies alles sind optimale Voraussetzungen dafür, dass sich diese Gegensätze durch pusch- und pull-Faktoren in einer wohl nicht mehr abschwellenden Panmigration von Geld, Waren und Menschen entladen. Die Wege und Kanäle dafür sind geöffnet, ein neues Nomadentum bedroht den ohnehin brüchigen Weltfrieden zusätzlich.

Die Zuwanderung besonders nach Deutschland ist seit dem Jahr 2015 konstant hoch und eher noch ansteigend. Auch hierzu aus dem verwirrenden Zahlenmaterial zur Vorstellung der Größenordnung nur einige quantitative Angaben. Laut BAMF (Bundesamt für Migration und Flüchtlinge) wurden im Jahr 2022 genau 244 132 Asylanträge gestellt. Bis Ende September 2023 waren es allein schon wieder 251 200 Anträge. Mit den Kriegsflüchtlingen aus der Ukraine betrug die Nettoeinwanderung im Jahr 2022 mehr als eine Million. Auch ohne die Folgen des Ukrainekrieges wächst Deutschland seit einigen Jahren durch kontrollierte und illegale Zuwanderung um die Einwohnerzahl einer mittleren Großstadt. Und dies widerfährt dem schon am dichtesten besiedelten Flächenstaat Europas.

Doch die gegenwärtige Migration ist ein viel universelleres Phänomen und die Flucht vor Armut und Krieg ist nur ein Fall unter vielen. Die Wirtschaft verlagert ihre Standorte dorthin, wo die Stundenlöhne niedrig und die Energiepreise billig sind. Gut verdienende Akademiker verlegen ihren Wohnsitz und Arbeitsplatz in Länder mit geringer Steuerlast. Banken und Finanzmärkte investieren in Immobilien und Wertanlagen weltweit dort, wo die Rendite hoch ist. Und die neue Stadtflucht aus Ballungsräumen folgt einem ähnlichen Drang. Wer es sich finanziell leisten kann und nahe oder in einem der neuen Problemviertel wohnt, der kauft sich eine Wohnung oder ein Haus im ländlichen oder kleinstädtischen Umland und verbringt dort stressfreier seinen Ruhestand. Dieses moderne Nomadentum ist inzwischen eine in sich geschlossene Kettenreaktion. Denn ob die Menschen den Arbeitsplätzen nachziehen oder eher umgekehrt, und ob die Fluchtbewegung in der Sahelzone oder in unseren Großstädten beginnt, bei den Folgen für Staat und Gesellschaft ändert sich dabei nichts.

Die gemeinsamen formalen Rahmenbedingungen für solche Wanderungen sind immer ein Gefälle, ein Druck und ein Sog zwischen unterschiedlichen Zuständen. Im Falle der aktuellen Migrationskrise sind dies Krieg, Armut, Hunger, Arbeitslosigkeit und dichte Bevölkerung im Süden, denen hoher Wohlstand, Mangel an Arbeitskräften und liberaler Lebensstil im Norden gegenüberstehen. Der Druck scheint so hoch zu sein, dass nicht wenige lebensgefährliche Reisen riskieren, um in das gelobte Zielland zu gelangen. Bei der Frage nach den eigentlichen Ursachen für diese Zustände beginnt aber auch schon der Streit. Die einen verorten diese im Kolonialismus mit seiner Ausbeutung und deren Folgen. Andere sehen die Schuld dafür in korrupten Autokratensystemen sowie in archaischen religiös-kulturellen Stammesstrukturen. Die Wahrheit hat sich wohl auch hier auf beide Seiten verteilt. Die Kolonialzeit war nicht nur Ausbeutung, sie war auch eine Chance und Vorlage, die besonders in afrikanischen und arabischen Ländern nicht ergriffen und genutzt wurde. Einige asiatische Kulturen haben dagegen gezeigt, dass man durch lernen und kopieren den Lehrmeister sogar übertreffen kann.

Auf der andern Seite trifft aber auch die Europäer und besonders die Deutschen eine Schuld. Sie haben üppige Wohlstands- und Sozialsysteme aufgebaut und naiv-gutmenschlich geglaubt, dass sie damit auf einer Insel der Seligen leben. Sie haben ihre demographische Nachhaltigkeit für ein Linsengericht aus emanzipatorischer Freiheit und hedonistischem Individualismus geopfert. Sie haben den Katalog der Menschenrechte einseitig großzügig erweitert und dabei unterschlagen, dass Rechte und Pflichten immer die zwei Seiten ein und derselben Münze sind und dass dies auch für die Migranten und die Autokraten in ihren Herkunftsländern gilt. Sie haben durch falsche Entwicklungshilfe eine bequeme Abhängigkeit gefördert anstatt ihre Hilfe an klare Bedingungen zu knüpfen. Fragwürdige Schuldgefühle haben es ihnen nicht erlaubt, einigen besonders penetranten Muslimen und Islamisten zu signalisieren, dass man zuerst alles versuchen muss, vor Ort im eigenen Land lebenswerte Zustände zu schaffen, bevor man sich aufmacht, um in Europa solche Zustände zu importieren, vor denen man von zu Hause als Ursache der Flucht und Misere geflohen ist

Doch unabhängig von der Antwort auf die Frage nach Schuld und Ursache, die Folgen der Migration für Staat und Gesellschaft sind eher destruktiv als bereichernd. Und die Scheu vor diesem Eingeständnis zeigt sich schon beim Umgang mit dem Schlagwort für die gewünschte Lösung der Probleme, dem Sinn und der Bedeutung von Integration. Der dazu komplementäre Begriff Desintegration wird dabei geflissentlich unterschlagen, und damit beginnt schon die Unredlichkeit, denn nach den Symmetriegesetzen von geben und nehmen gibt es keine Integration ohne Desintegration. Das Ergebnis liegt immer irgendwo zwischen den Ausgangskomponenten, abhängig von deren relativer Größe. Man tut so, als ob man beliebige Mengen eines Rotweins zu einem Weißwein geben könnte ohne dass sich dabei die Farbe und die Qualität der Mischung ändert. Konkret zeigt sich dies schon beim Stadtflüchtigen. Er will Städter bleiben und die städtische Lebensweise mit den landschaftlichen Reizen des Dorfes kombinieren. Von Feld- und Gartenarbeit zur Erhaltung der Landschaft will er nichts wissen. Er wird so zum Schlafpendler und das Dorf entwickelt sich soziologisch schleichend zum Stadtvorland. Und so ähnlich macht es der Türke, der in Mitteleuropa Arbeit und zivilisatorischen Mehrwert sucht. Er bringt seine Moschee und Teile seiner Kultur mit und bejubelt beim Länderspiel im Stadion die Mannschaft seines Heimatlandes. Die doppelte Staatsbürgerschaft fördert natürlich diese Art von kulturellem Splitting.

Jedoch solch paralleles Nebeneinander gehört eher noch zu den harmlosen und erträglichen Folgen der fortdauernden Migration. Die Grenzen der Toleranz und Zumutbarkeit dagegen sind überschritten, wenn sich soziale, ethnische oder religiöse Konflikte aus den Heimatländern der Neubürger regelmäßig auf den Straßen unserer Städte bürgerkriegsähnlich wiederholen – z. B. zwischen Eritreern – und wenn dabei alle Reserven und Kapazitäten der Polizei gebunden werden. Kriminelle Familienclans, deren Mitglieder zum Teil Bürgergeld beziehen, bereichern sich zusätzlich durch Diebstahl, Betrug und Drogenhandel. Andere durch Europa migrierende Gruppen haben sich auf die Sprengung von Geldautomaten spezialisiert, und an die importierte Messerstecherei scheint man sich inzwischen schon gewöhnt zu haben. Aber auch der schockierende Leistungsabfall an unseren Schulen darf bei dieser unvollständigen Liste nicht fehlen. Humanität, Urbanität und Kultur sind inzwischen aus großen Teilen unserer Städte verschwunden. Ihre Amerikanisierung hat das transatlantische Original als liberales Vorbild mit negativen Schlagzeilen und Rekordzahlen aus der Kriminalitätsstatistik schon eingeholt und bisweilen sogar überholt.

Wenn man den ursprünglichen Artikel 16 des Grundgesetzes (vor Einführung des Artikels 16 a im Jahr 1993) unbefangen nachliest, ist man etwas überrascht. Er besteht ja hauptsächlich aus Aussagen zur Staatsangehörigkeit, ob und unter welchen Bedingungen diese aberkannt werden darf. Am Ende folgt dann noch wie ein beinahe vergessener Schluss- und Nebensatz die Bemerkung: ‚Politisch Verfolgte genießen Asylrecht'. Dem Leser drängt sich hier die Überzeugung auf: Wenn die Autoren des Grundgesetzes geahnt hätten, wieviel Missbrauch und Schindluder mit diesen vier Worten heute betrieben wird – sowohl seitens der Nutznießer wie auch der politisch-juristischen Interpreten dieses kurzen Satzes, so hätten sie sicher versucht, dieser katastrophalen Wirkung mit deutlicheren Worten einen Riegel vorzuschieben.

Grenzenloser Energiehunger –
Die Klima- und Umweltkrise

Sorgen um Umwelt und Klima sind neben der Migration das zweite Hauptthema, das die deutsche Politik und Gesellschaft alarmiert und in gegnerische Lager spaltet. Deshalb zu diesem komplexen Thema auch hier in gebotener Kürze einige komprimierte Überlegungen. – Die Energienutzung in vorindustriellen Gesellschaften war tatsächlich nachhaltig, denn obwohl man dieses moderne Schlagwort damals noch nicht kannte, praktizierte man seinen Sinn und Zweck im Vollsinn dieses Wortes. Hauptlieferant für Energie und Material für die bäuerlichen und handwerklichen Betriebe war das Holz aus den nachwachsenden Wäldern. Mit der industriellen Revolution begann dann der neuzeitliche Energiehunger. Maschinen ersetzten jetzt weitgehend die Muskelkraft und sie sind dabei von neuen Energiequellen abhängig. Und weil Maschinen im Unterschied zum Menschen nicht ermüden, neigen sie zu Überproduktion von Waren und Gütern, was bis in unsere Gegenwart unvermindert anhält. Der steigende Energiebedarf wurde und wird jetzt aber gedeckt mit fossilen Energieträgern von hoher Energiedichte, aus Kohle, Erdöl und Erdgas.

Doch der Energiehunger kennt keine Sättigung und keine Grenzen. Das Digitalzeitalter ist angebrochen, IT und KI – Informationstechnologie und Künstliche Intelligenz – benötigen zusätzlich gigantische Mengen an elektrischer Energie – Strom. Doch dieser ist in der Natur nicht fertig vorrätig, er muss aus Primärenergie bei oft mäßigem Wirkungsgrad, das heißt verlustreich, erst erzeugt werden. Die günstigere Wasserkraft ist in Mitteleuropa – gemessen an den Bedarfsgrößen – von geringer Bedeutung. Also hat man sich zur Stromgewinnung zunächst recht optimistisch und zuversichtlich für fossile Primärenergie und Kernenergie entschieden. Diese starken Angebote schienen den Bedarf ausreichend zu decken, doch der Bedarf wuchs stetig an durch das Wachstum von Industrie, Verkehr, Informatik und vermehrte Haushalte mit größeren Wohnräumen. Aber auch global und weltweit begann ein Wettlauf um Energie und Rohstoffe zu günstigen Preisen. Inzwischen ist auch die Weltbevölkerung rasant auf acht Milliarden angewachsen, und die Ärmsten unter ihnen wollen nicht mehr zur Deckung ihres Bedarfs Reisigbündel einsammeln und auf dem Kopf zu ihren Hütten tragen. Kriegsähnliche Konflikte um die begehrte Energie sind vorprogrammiert.

Inzwischen aber droht uns noch eine andere Gefahr aus dem Energiesystem selbst, aus seiner Physik und ihren Gesetzen. Begleitend und nur kurz verzögert zur Bevölkerungsexplosion und zur Industrialisierung traten verdächtig häufig extreme Wetter-phänomene mit Schäden an Natur- und Kulturlandschaft auf: Hitze- und Trockenperioden mit Waldbränden, Starkregen mit Überflutungen, Gletscherschmelze, Artensterben etc. Als eine Ursache dafür wird die Erderwärmung – steigende Temperaturen von Meeren und Atmosphäre – vermutet, und diese Faktoren wiederum könnten die Auslöser einer anhaltenden Klimaveränderung mit ihren Extremwetterlagen sein. Der Sündenbock war schnell gefunden, die Treibhausgase und unter ihnen vor allem das Kohlendioxid CO_2. Tatsächlich emittieren wir mit unserer hohen Nutzung von fossiler Primärenergie viel zusätzliches CO_2 in den atmosphärischen Kreislauf. Und wenn uns die Fachleute sagen, dass die Treibhausgase deshalb so heißen, weil sie die langwelligen Anteile der eingestrahlten Sonnenenergie bei deren Rückstrahlung ins All absorbieren und in thermische Wärme der Luftschicht umwandeln, so müssen wir diese für uns schlechte Nachricht genauso akzeptieren wie wir uns über die warmen Sonnenstrahlen im Frühling freuen.

Ein heftiger Streit erregt nun aber die Gemüter von Experten und Laien darüber, ob das CO_2 und damit wir heutige Konsumenten der alleinige Verursacher der Erderwärmung sind oder nicht, und ob wir diese Wirkung schnell wieder rückgängig machen können. Wahrscheinlich nicht, denn Wetter und Klima sind ein hochkomplexes chaotisches System. Als einprägsames Beispiel dafür gilt die Metapher vom Flügelschlag eines Schmetterlings in Japan, der das Wetter in Kalifornien beeinflusst. Unbedingt zu unterscheiden sind bei dieser Diskussion Wetter und Klima. Das Wetter gilt als chaotisch, es ist instabil, prinzipiell zwar determiniert, aber praktisch indeterminiert und deshalb nur für wenige

Tage im Voraus sicher berechenbar. Als Klima dagegen gelten die gemittelten Tageswetterdaten über dreißig Jahre hinweg. Dieser Mittelwert ist recht stabil, aber auch er ändert sich sehr langsam in Abhängigkeit von vielen Faktoren. Auch das Klima und seine Erdtemperatur sind deshalb kaum über einen Zeitraum von 50 oder 100 Jahren auf Bruchteile eines Grades genau vorauszuberechnen.

Und wie reagieren Staat und Öffentlichkeit auf diese Herausforderungen? Leider hektisch und kopflos statt besonnen wie es der Lage angemessen wäre. Der neue Heilbringer und Problemlöser ist jetzt die Elektrizität, doch diese muss sauber und emissionsfrei produziert werden. Alle auf fossiler Primärenergie basierende Kraftwerke werden deshalb mittel- und langfristig stillgelegt – paradoxerweise die klimafreundlichen Kernreaktoren sogar sofort. An deren Stelle treten die erneuerbaren Energiequellen, die Stromgewinnung durch Photovoltaik, Windräder und Biogas. Doch die Flächendichte dieser Lieferanten ist niedrig, sie benötigen deshalb hohen Sammelaufwand, und außerdem ist ihre Verfügbarkeit volatil, d. h. von den Launen des Wetters abhängig. Hinzu kommt, dass Elektrizität nicht leicht speicherbar ist und die Kapazitäten für die benötigten Mengen, wenn Wind und Sonne sich verweigern, noch nicht verfügbar sind – eine heikle Existenzkrise für ein hochgerüstetes Industrieland.

Deutschland kann sich am Ernst der selbstgeschaffenen Lage nicht mehr vorbeimogeln, es hat sich in eine Falle manövriert. Auf der einen Seite steht es als ehemaliger Weltmeister beim Export unter hohem Produktionsdruck. Es ist schon dicht besiedelt und als Sozialstaat ein hoch begehrtes Einwanderungsland und deshalb auch zur Erhaltung des sozialen Friedens auf hohe Energienutzung angewiesen. Auf der anderen Seite will man bei 2% -igem Anteil an der globalen Gesamtemission mit einer umstrittenen Transformationsstrategie das Weltklima retten und gleichzeitig als Musterknabe für Humanität und Weltoffenheit einladende Signale an alle weniger gut Gebetteten in der Welt aussenden. Außer einem schwierig zu findenden intelligenten Kompromiss gibt es für eine Lösung der Energiekrise wohl nur drei harte und wenig akzeptable Angebote. Erstens, weitermachen wie bisher ohne Rücksicht auf Verluste. Zweitens, allen Bedarf einkaufen, also energiewirtschaftlich zum abhängigen Importmeister werden. Und drittens, unsere verbliebene Natur und Landschaft schonungslos bepflastern (2% der Gesamtfläche!) mit Solaranlagen und unübersehbar hohen Türmen mit Windrädern.

Die Klimathematik ist undiskutabel zuerst eine Frage der Physik und dann erst eine Aufgabe für die Politik. Und ebenso gilt: Ob ein Lebewesen überhaupt umwelt- und klimaneutral sein kann oder nicht, für diese Auskunft ist eine Biophysik und Biochemie zuständig und keine parteipolitische Ideologie oder industrielle Windkraftlobby. Deshalb zu diesen Kernfragen rund um das Klima noch einige fachspezifische Überlegungen. Die Logik der Energiepolitik wird bestimmt durch die Gesetze der Thermodynamik mit ihren zwei Hauptsätzen. Der erste ist ein Erhaltungssatz und besagt, dass keine Energie einfach verschwindet oder verbraucht wird, vielmehr dass sie nur in verschiedene Formen und Zustände umgewandelt werden kann. Der zweite Hauptsatz lehrt, dass es edlere und unedlere, gut nutzbare und weniger gut nutzbare Energieformen gibt und dass Energiemengen sich spontan immer nur von einer edleren in eine weniger edle Form wandeln, nie aber umgekehrt. Es existiert hier naturgegeben ein Gefälle. Will man dagegen einen unedlen Energievorrat in einen edleren umwandeln, z. B. Wärme in Elektrizität, so hat dies seinen Preis in Form eines Teilverlustes an Primärenergie als letztlich unbrauchbare Abwärme an die Umwelt.

Der Physiker Arnold Sommerfeld hat diese Gesetzlichkeiten in ein anschauliches Bild gefasst: Der erste Hauptsatz ist ein Verwalter und Bürokrat, der aufpasst, dass nichts verloren geht. Der zweite ist Chef und Direktor und er bestimmt, wohin die Energie fließen darf und wohin nicht. Diese Fließrichtung heißt in der Fachsprache Entropie, und ihre altgriechische Wortbedeutung bezeichnet nichts anderes als diese ‚Hin-Wendung‘ aller Energiedifferenzen zu Wärme und Abwärme, letztlich zum ausnivellierten Wärmetod. Auch Ernst-Peter Fischer, Wissenschaftshistoriker und selbst Biologe und Physiker, bringt diese Sachverhalte in der Energiedebatte auf den Punkt: Auf die Entropie kommt es an! (CATO, Nr. 5/2023).

Und was sind schließlich die Folgerungen aus diesen naturgesetzlichen Vorgaben für uns Menschen hier und jetzt? Jedes Lebewesen verändert seine Umwelt allein schon dadurch, dass es lebt, dass es verzehrt, trinkt und ausscheidet. Und der Mensch tut dies an der Spitze der Nahrungs- und Konsumpyramide auf herausragende Weise, denn wir leben heterotroph von allen Schichten unter uns. Auch wir verwandeln alle Energien und Vorräte am Ende in wenig verwertbare Abfälle, und als letzte Station hinterlassen wir nutzlose Abwärme. Wir strahlen ständig Körperwärme in der Größenordnung von 70 Watt ab, auch im Schlaf. An diesem eisernen Entropiegesetz führt auch bei uns kein Weg vorbei, denn auch die erneuerbare Energie folgt unerbittlich diesem Schicksal. Gerade auch die hochgelobten Wärmepumpen verwandeln Elektrizität in riesige Mengen solcher Abwärme und erwärmen damit die Erdatmosphäre. Schließlich verbleibt die Wärme auch nicht in bestisolierten Räumen, sie sickert nur langsamer und sparsamer hinaus, und die Temperaturen in Ballungsräumen und Städten liegen deshalb durchweg um 1 bis 2 Grad über denen im ländlichen Umland. Klimaneutrales Leben gibt es also nicht, und auch der Mensch wird klimaneutral nur und erst, wenn er nicht mehr existiert. Es gibt keine reversiblen, d. h. spurenlosen Vorgänge in der Natur. Klimaneutralität würde demnach bedeuten, dass die Menschheit bei der Energiebilanz keine Spuren hinterlässt – so als ob sie überhaupt nicht da wäre. Und deshalb dazu zwei abschließende Merksätze: Emissionsneutralität bei Treibhausgasen ist keine Klimaneutralität, und das von uns Menschen mitverursachte Klimaproblem ist zuvorderst eine Frage möglichst maßvoller Energienutzung und maßvoller Besiedlungsdichte. Alles andere ist zweitrangig.

Gemessen an der Ernsthaftigkeit und Größenordnung dieser Sachverhalte können einige Aktionen und Reaktionen in der politischen und zivilen Öffentlichkeit nur heftige Verwunderung hervorrufen, und Spott lässt sich dabei kaum unterdrücken. Es zeugt noch von harmlosem Kitsch und rührend naivem Aktionismus, wenn man gegen die Klimakrise Preise für bemooste Garagendächer, für Radfahren, grüne Hausfassaden und ähnliche Aktivitäten verleiht. Wenn man aber den Menschen vorgaukelt, dass man mit bestimmten Maßnahmen in wenigen Jahrzehnten die Klimaneutralität weltweit erreichen kann, so grenzt dies schon an gefährliche Volksverdummung. Und wer dies bewusst oder unbewusst tut, der gesellt sich in der langen Wissenschaftsgeschichte in die Reihe derer, die immer wieder behaupteten, dass sie das Perpetuum Mobile erfunden haben.

Doch derlei provokante Zustände sind nur möglich, weil überproportional häufig in Parteien, Medien und Gerichten solche Repräsentanten die Energiepolitik bestimmen, die – gemessen an ihrem Studiengang und beruflichen Erfahrungsalter – von dieser schwierigen Materie wenig Ahnung haben. Wer deshalb in dieser Sache verantwortlich mitdiskutieren und mitbestimmen will, der oder die sollte sich nach dem bisher Gesagten gründlich mit den Gesetzen der Thermodynamik und mit den Wirkungsgraden ihrer Transformationsprozesse befasst haben. Falls nicht, sollte er oder sie den Rat des großen Denkers und Sprachanalytikers Ludwig Wittgenstein befolgen und einfach schweigen.

Grenzenlose Gesetzesflut – Gefahren für Demokratie und Rechtsstaat von innen

Das Lamento über Bürokratie gehört auch zu den Kennzeichen des Liberalismus. Aus allen Ecken und Nischen der Gesellschaft kommen Klagen über zu viele Gesetze, Vorschriften und Verbote. Die Freiheit und Autonomie des Bürgers droht unter den Kontrollorgien des Staates zu ersticken, ein peinliches Paradoxon für die Versprechungen und das Selbstverständnis eines freiheitlichen Staates. Tatsächlich zeigt der Liberalismus im fortgeschrittenen Stadium auch seine immanenten Widersprüche, er tendiert zum Chaos, denn er steckt systembedingt in einem Dilemma. Einerseits gilt für ihn das laissez-faire, demgemäß er dem Individuum möglichst viel Freiheit gewähren will, doch Freiheit ist immer ambivalent. Die soziale Kontrolle durch gesellschaftliche Normen gilt als illiberal. Die schleichende Relativierung von Gewissen,

Moral und Ethik schwächen deren Funktion und Wirkung, religiöse und ethnische Vielfalt sowie multikulturelle Buntheit der Gesellschaft werden zum Selbstzweck. Doch irgendwann wird diese Dynamik instabil und mündet in offenes Chaos. Bundeskanzler Helmut Schmid hatte noch genügend Mut und Verstand, vor diesen Problemen offen zu warnen: Eine stark pluralisierte und heterogene Gesellschaft ist kaum noch regierbar.

Dagegen regen sich aber auch Gegenkräfte, denn Qualität und Wertschätzung eines Staates ohne Gesetz und Ordnung verflüchtigen sich schnell zu Staatsverdrossenheit. Deshalb versucht auch ein liberaler Staat seinem Selbstverständnis getreu zunächst einmal dem Chaos mit immer mehr Gesetzen und Vorschriften gegenzusteuern. Doch die Fortschrittsgesellschaft produziert neue Gesetzeslücken schneller als sie der Staat schließen kann. Es kommt zu einem Wettlauf, der für beide Seiten, Staat und Bürger, nicht gut enden kann. Der Staat lässt dem Bürger keinen Ermessensspielraum bei der Anwendung der Gesetze, er misstraut seiner Fähigkeit, sinnvoll zu handeln und überhäuft ihn mit immer weiteren Anweisungen und Richtlinien. Hinzu kommt, dass die Bürokraten oft selbst wenig Ahnung von der zu gestaltenden Materie haben und sich als sachfremd erweisen. Das alles schafft Verdruss und Vertrauensverlust beim Bürger, er fühlt sich nicht erst genommen und entmündigt.

Um nicht im Allgemeinen zu verbleiben, folgt hier ein kurzer Erfahrungsbericht aus der Praxis. Der Verfasser dieser Zeilen war über Jahrzehnte hinweg Obstbauer im Hobby- und Kleinbetrieb und als solcher zwecks Verkauf auch Mitglied eines Erzeugergroßmarktes in Mittelbaden. Der Erlös aus dem Verkauf betrug in manchen Jahren nicht mehr als 200 bis 300 Euro, Arbeit und

Betriebsmittel nicht eingerechnet. Das Obst wurde bei der Anlieferung von kundigen Kontrolleuren auf Qualität und Marktfähigkeit geprüft, und dies war auch richtig und notwendig so. Die Arbeitsmethode und der Erwerb von Fachkenntnissen zur Erzeugung guter Ware wurde ganz dem Erzeuger überlassen. Doch diese Freiheit und Selbstkontrolle war eines Tages der hohen Behörde in Brüssel ein Dorn im Auge, und es durfte ab einem Stichtag nur noch zertifizierte Ware am Markt angeliefert werden. Der Zertifizierungsakt kostete den Erzeuger selbst etwa 400 Euro und wickelte sich folgendermaßen ab.

Man erhielt einen dicken Aktenordner mit Fragebögen und Tabellen, die genau auszufüllen und zu beantworten waren mit vielen Anweisungen und Regeln für jeden Arbeitsgang: Zu Düngung, Schädlingsbekämpfung, Baumpflege, Hygiene, Händewaschen beim Pflücken und vieles mehr. Satirische Spitze solcher Vorschriften waren Anweisungen zum Abwiegen der Ware. Die Waage sollte nicht unter einer Glühbirne stehen, denn diese könnte ja platzen und die Splitter in das Obstgut fallen (sic!). Eines Tages bekam man dann Besuch von einem Kontrolleur, der genauestens die Voraussetzungen für die Befolgung dieser Vorschriften prüfte. Und was waren die Folgen solcher Bürokratie? Die Obstqualität hat sich dadurch um keinen messbaren Betrag verbessert. Alle Kleinerzeuger kündigten binnen weniger Jahre ihre Mitgliedschaft, denn man wurde ja in schlechten Ertragsjahren mit Nettoverlust dafür bestraft, dass man gearbeitet und die Landschaft gepflegt hat. Statt blühender Landschaften breiten sich seither Brachflächen und Ödnis beschleunigt aus. Es blieben nur die großflächigen Halbstammplantagen, die für eine Vogel- und Insektenwelt ökologisch steril sind.

Doch auch den Verantwortlichen im politisch-juristischen Apparat wächst das Dickicht der Gesetze und das Kompetenzgerangel über den Kopf. Der legislativen und judikativen Macht droht selbst Ohnmacht und Lähmung durch das wuchernde Wachstum ihrer Instanzen und Funktionsebenen. Verantwortung und Haftung sind aber der Preis und die Kosten für die Ausübung von Macht, beides bildet eine verschränkte Einheit, die auch unbequem und belastend sein kann. Im Liberalismus zeigt sich auch hier die Tendenz, Macht und Verantwortung zu entkoppeln, die formale Machtbefugnis möglichst zu behalten, die Verantwortung aber diffus auf verschiedene Ebenen aufzuteilen. Verwundert stellt der Bürger und Wähler eines Tages fest, dass Entscheidungen mit Gesetzeskraft nicht mehr dort fallen, wo sein Wahlrecht noch gilt und Wirkung hat, vielmehr dass sie auf höherer Ebene schon vorentschieden, eingeengt und in der Substanz oft sogar schon getroffen sind.

Die UNO verfasst Resolutionen und Anweisungen zu Frauenrechten und Flüchtlingspolitik. Diese werden von den nationalen Regierungen akzeptiert und erscheinen dann in präziserer Form z. B. auf der europäischen Ebene als Migrationspakt wieder, der dann strafbewehrt als Richtlinie an die nationalen Parlamente weitergegeben wird. Ähnliche Unsicherheit durch Kompetenzverlagerung auf neue Instanzen und Gerichtshöfe kennzeichnet auch die Rechtsprechung. Es ist nicht mehr klar, wer beim Geltungsbereich und der Auslegung des Grundgesetzes das letzte Wort behält, das Bundesverfassungsgericht oder der Europäische Gerichtshof. Der Wähler wurde zu solchen Eingriffen in seine Souveränität nie direkt befragt. Ganz zu schweigen davon, dass oberste Gerichtsinstanzen von Regierungsparteien mit ‚verlässlichen' Personen besetzt werden, wodurch das Prinzip der Gewaltenteilung nach Geist und Buchstabe ausgehöhlt wird.

Und was sind wieder die Folgen solcher Gesetzes- und Instanzenvielfalt? Der politisch-juristische Betrieb erzeugt viel Reibung und Selbstlähmung allein schon durch Zeitverlust. Die Verantwortung wird hin und her geschoben, Demokratie und Rechtsstaat werden geschwächt von innen heraus. Der Bürger ist frustriert und wendet sich ab oder radikalisiert sich. Im Jahr 2023 halten 62% der Wähler den Staat für überfordert, und 25% trauen ihm nicht mehr zu, die Krisen in den Griff zu bekommen. In ihrer Sicht ist der Apparat nicht mehr Löser der Probleme, sondern selbst Teil der Probleme. Auch die Urteile der obersten Gerichte sind zunehmend umstritten. Wann immer das Bundesverfassungsgericht in einer wichtigen Frage eine Entscheidung trifft, findet sich viel Kritik in Kommentaren und Leserspalten überregionaler Zeitungen gerade auch von juristisch geschulten Fachleuten. Nach einem solchen als ‚Skandalurteil' diskutierten Spruch aus Karlsruhe, äußerte ein Leser in der FAZ seine Kritik mit der Frage: ‚Wer schützt eigentlich das Grundgesetz vor der verfassungswidrigen Rechtsprechung des Bundesverfassungsgerichtes?' (FAZ, 22. 9. 2023). Schärfer kann man die Kritik an der parteipolitischen Instrumentalisierung der höchsten Gerichte nicht mehr artikulieren.

Am Ende aller dieser Überlegungen stellt sich abschließend die entscheidende Frage: Kann man rechtes Handeln und sozialgerechtes Verhalten durch immer mehr und schärfere Gesetze und Verordnungen erzwingen, oder bedarf es dazu noch anderer Fähigkeiten und Begabungen, die sich dem juristischen Zugriff entziehen? Damit sind wir beim Zentralpunkt unserer Gedankenführung angekommen, bei der Frage nach einer Ethik.

III. Mut zu Offenheit und Ehrlichkeit

Unehrlichkeit beginnt nicht erst dort, wo man gezielt und bewusst lügt, vielmehr schon dann, wenn man Fakten und Ereignisse, die nicht zu den eigenen Präferenzen und Vorstellungen passen, verdrängt, ausklammert, unterbewertet und auch bei Diskussionen unterschlägt. Setzt sich dies schleichend fort, so kommt es besten Gewissens zu felsenfesten Überzeugungen, und die erreichte Sicherheit kann zu dem werden, was man inzwischen eine Lebenslüge nennt. Man kapselt sich in seiner selbstgefälligen Blase ab. Dies ist jedoch nicht nur eine Gefahr für Einzelpersonen, der Vorgang betrifft auch ganz besonders große Organisationen und Sozietäten, den liberalen Staat mit seinen Teilgewalten und Parteien ebenso wie auch die Religionen mit ihren Hierarchien und disziplinierenden Regelsystemen. In Diktaturen wird grob und durchsichtig gelogen und mit offener Gewalt für die Akzeptanz gesorgt. In liberalen Sozietäten geschieht solches subtiler und feinsinniger und mit viel moralisierendem Nachdruck, sodass sich sogar Mehrheiten guten Gewissens fügen und sich 'korrekt' verhalten. Ein Beispiel für solche Verdrängungskunst zeigt sich auch bei den Missbrauchsfällen der katholischen Kirche. Sie waren unverträglich mit dem Priesterkult und dem Selbstbild der Klerikerzunft als Stand der christlichen Vollkommenheit. Es konnte einfach nicht sein, was nicht sein durfte. Aber auch der liberale Staat immunisiert sich gegen vieles, was seine Selbstsicherheit und Selbstbespiegelung stört. Auch seine Toleranz und Liberalität endet schnell dort, wo die Privilegien und Machtpositionen seiner Systemstützen und Eliten infrage gestellt werden. Er bestimmt, wer nach den Kriterien der Konformität zur Familie der Demokraten gehört und wer als Antidemokrat diffamiert und ausgegrenzt werden darf.

Religiöses und liberales Chaos – Kein Ausweg

Wir denken hier ohne Ängste und falsche Scheu über Religion, Staat und Gesellschaft nach, Ehrlichkeit und Offenheit sind dabei geboten. Auch die Krise des Christentums und aller Religionen bezieht sich nicht mehr nur auf Einzelfragen wie z. B. die Rechtfertigungslehre, sie erfasst die gesamte anthropomorphe religiöse Vorstellungswelt mit ihren theokratisch geprägten Gottesbildern. Wenn aber auch Religion und Religiosität evolutive humane Eigenschaften sind, dann sind sie kein monolithischer Block und kein ewig unveränderliches Phänomen, vielmehr repräsentieren sie dann ein breit gefächertes Spektrum an Verständnissen und Vorstellungen, nicht unähnlich den strauch- und baumförmigen Verzweigungen und Aufspaltungen anderer evolutiver Formen und Schöpfungen in Natur und Kultur. Auch die realen Religionen sind dann mehr oder weniger verwandte Ausprägungen eines gemeinsamen Grundmusters, und so zeigen sich uns tatsächlich die Religionen in ihrer bunten Vielfalt. Insbesondere die Bilder und Vorstellungen von Gott bieten solche Varianz und Vielfalt, denn zwischen einem menschlich altväterlichen Gottesbild und einem Atheismus als dessen radikal apodiktische Negation finden viele begrifflich und anschaulich mehr oder weniger ausdifferenzierte Vorstellungen vom Absoluten ihren Platz. Und dementsprechend zeigen sich dann auch die historisch gewachsenen

Religionen als ein bunter Strauß von theosophischen Lehrsystemen, die zu unserem wissenschaftlich entwickelten Welt- und Menschenbild und auch zu unserem Verständnis von Humanität mehr oder weniger gut passen, denn sie sind unterschiedlich hilfreich und tauglich bei der Gestaltung unserer zukünftigen Welt.

Und mit dieser Aussage verlassen wir jetzt die bisher überwiegend theoretischen Reflexionen über Religion, Staat und Gesellschaft und kommen wieder zur Praxis und damit zu unserer realpolitischen Gegenwart. Denn mit der Feststellung, dass sich Religionen in ihrer Lebenstauglichkeit unterscheiden, kann sich schnell ein Konflikt mit Artikel 3 und 4 unseres Grundgesetzes ergeben. Diese garantieren ja die freie und unbehinderte Ausübung aller religiösen Bekenntnisse ohne jede differenzierende Einschränkung. Doch damit bereiten diese Artikel faktisch so etwas wie ein Tabu über den Bereich Religion aus, sie können gezielt missverstanden werden und sie behindern dann eine offene wertende Diskussion über humanverträgliche und zukunftsfähige Formen von Religiosität.

Gesetze werden in einem bestimmten historischen Kontext formuliert, und sie sind immer anpassungs- und interpretationsbedürftig. Aber ihre Interpretation findet oft und sogar meistens in einem ganz anderen historischen und gesellschaftlichen Kontext statt als dem, der zur Zeit ihrer Abfassung galt, und damit haben sich die Rahmenbedingungen geändert. Und dieser zeitliche Abstand wird immer größer. Schließlich waren auch die Mütter und Väter des Grundgesetzes nicht unfehlbar, und sie besaßen nicht die Fähigkeit, den Lauf der Geschichte genau vorherzusehen, auch sie waren Kinder ihrer Zeit. Das Grundgesetz muss aber hier und heute interpretiert werden durch die Vernunft, das

Wissen und den Bildungsstand unserer Gegenwart. Doch um diese Deutungshoheit kämpfen in der pluralistischen politischen Realität verschiedene ideologische Gruppen mit unterschiedlichen, Wertvorstellungen, Interessen und Gesellschaftsmodellen. Wer noch einer faktenorientierten Betrachtung der Dinge folgt und bewertend qualitative Unterschiede zwischen den Religionen feststellt, ist heute unter dem Dogma der Gleichheit von allem und jedem schnell dem Vorwurf der Diskriminierung und Verfassungsfeindlichkeit ausgesetzt. Die Geschichte der Religionen war und ist voll mit Streit, Leid und sinnlos vergeudeter psychischer und physischer Energie, sodass wir uns ein weiter-so in diesem Stil nicht mehr leisten dürfen.

Es besteht weitgehend Konsens darüber, dass sich unsere europäisch-abendländische Kultur drei Quellen und Strömungen verdankt und demnach auf drei Säulen ruht. Einmal auf der griechisch-römischen Antike mit ihren ersten philosophischen Höhepunkten, ihrer republikanischen Staatslehre und ihrer stoischen Ethik. Zweitens auf dem Christentum mit seinen kulturellen Ausdrucksformen durch Architektur, Malerei und Musik. Und schließlich drittens auf der wissenschaftlichen und gesellschaftlichen Aufklärung mit der Demokratie als Staatsform. Diese dreifache Abfolge kreativer Etappen ist sicher ein einmaliger Glücksfall in der kulturellen Humangeschichte, die eine besonders respektvolle Pflege und Fortentwicklung verdient. Jedoch, auch diese Erfolgsgeschichte war alles andere als ein glatter und spannungsfreier Siegeszug. Gerade die Renaissance und die Reformation stießen auf heftige Abwehr und Gegenwind, die sich im Spätmittelalter in so bekannten Exzessen wie Konfessionskriegen, Ketzerverbrennungen, Hexenwahn und Inquisition entluden. Die europäische Kulturentwicklung war demnach immer auch ein sehr gefährdeter, ambivalenter und opferreicher Prozeß. Wenn nun vor diesem Hintergrund die Ausbreitung des Islam in Europa pauschal und problemfrei als Bereicherung propagiert wird, so sind dazu Zweifel und Einspruch angemahnt und sogar geboten. Denn der Islam ist mit seiner theokratischen Dogmatik und seiner Scharia als Rechtssystem eher ein Rückfall in als überwunden geglaubte Konfliktzustände des Spätmittelalters. Für die Pflege und Fortsetzung eines offenen wissenschafts- und faktenbasierten Diskurses ist er jedenfalls nicht besonders hilfreich.

Auch den Liberalismus und die Religionen kennzeichnet in ihrer wechselseitigen Geschichte ein eher gespanntes Verhältnis. Ersterer weiß sich der Aufklärung und dem autonomen Denken verpflichtet, die Religionen als dogmatische Lehrsysteme und Bekenntnisse scheuen dagegen eher die Nähe zu unbefangen autonomem Denken. Dieses Verhältnis hat sich in der gegenwärtigen Krise der Religionen etwas entspannt, denn die Religionen stecken in der Defensive, sie sind zumindest in Europa nicht mehr kämpferisch oder missionierend und deshalb auch kein Feindbild mehr für den Liberalismus wie in vergangenen Zeiten der Kulturkämpfe. Im Gegenteil, Liberale üben sich in gnädiger Toleranz, und die entsprechenden Artikel im Grundgesetz wirken in die gleiche Richtung, sodass sich in liberalen Gesellschaften praktisch ein Tabu über alle Formen und Spielarten von Religion ausgebreitet hat. Im Schutz und Windschatten solcher politischer Wetterlagen können sich aber archaische Religionen wie in einer ökologischen Nische entfalten und bis zu einer kritischen Größe entwickeln, mit der sie dann bestimmenden Einfluss auf

Gesellschaft und Staat ausüben können. Schon namhafte Personen wie der Verfassungsrechtler Böckenförde warnten z. B. konkret vor solch möglicher Entwicklung des politischen Islam, der dann zu einer realen Gefahr für die demokratische Grundordnung und die Geltung des Grundgesetzes heranwächst.

Faktisch bewirkt dann aber die heutige Krise und Unsicherheit im Falle Religion, dass in liberalen Gesellschaften die religiöse Landschaft einem beliebigen Sammelsurium aus verschiedenen Bekenntnissen und parareligiösen Sekten gleicht, die sich wechselseitig widersprechen, relativieren, vielleicht tolerieren, aber auch bekämpfen – von Zweiflern, Agnostikern und streitbaren Atheisten ganz abgesehen. Der Respekt vor Religion, Moral, Ethik und unbedingten Prinzipien leidet darunter, ihre stabilisierende Funktion als sinnstiftende Instanzen für Orientierung schwindet, der Relativismus ethisch-moralischer Urteile sowie die Entfremdung zwischen den Menschen nimmt zu. Die Widersprüche verstärken sich noch dadurch, dass viele Religionen sich als gestiftet, d. h. als absolut einmalig verstehen. Denn jenseits von Geld, und Produktion, Unterhaltung und Konsum, Status und Besitz, kann jetzt jeder denken und glauben, was er will.

Solche Zustände können und dürfen jedoch auch einem wertneutralen liberalen Staat nicht gleichgültig sein, denn sie fördern kein gewaltfreies Regieren solcher Gesellschaften. Auch ein humaner Liberalstaat ist noch mehr und etwas anderes als eine beliebige Ansammlung von Produzenten und Konsumenten, auch er braucht noch einen gemeinsamen Nenner als sinnstiftendes Selbstverständnis. Und gerade deshalb ist eine offene, unbehinderte Diskussion darüber, was zeitgemäße Formen von Ethik, Moral und Religion noch sein können und was sie nicht mehr sein können, keine schöngeistige Übung und auch kein leerer Zeitvertreib, sondern ein verpflichtendes Gebot. Und weil Religion nicht gleich Religion ist, muss das bewertende Urteil über sie unbehindert möglich bleiben. Es darf daher nicht sein, dass eine offene Diskussion über zeitgemäße Formen von Religiosität aus Angst vor physischer, psychischer und juristischer Gewalt blockiert wird.

Ethische Einschlüsse unseres wissenschaftlichen Welt- und Menschenbildes

Wo aber ist hier ein Ausweg, und gibt es überhaupt noch bessere Lösungen? Die Sanierung der Religionen und Konfessionen muß diesen selbst überlassen bleiben, soweit sie dazu die Notwendigkeit verspüren und an ihre zukünftige Sendung glauben. Wer es dagegen wagt, nach Alternativen oder zeitgemäßen Ergänzungen zu suchen, der muß sich auf das beschränken was unsere autonome Vernunft hierzu als vorzeigbare Lösung noch leisten kann. Wenn man eine aktualisierte Konfessionskarte von West- und Mitteleuropa zeichnen wollte, dürfte man die bislang geltenden Unterscheidungen für zweitrangig halten, denn man müsste zuerst eine Zweiteilung vornehmen mit so etwas wie einer ‚negativen Konfession‘ als neue Kategorie. Tatsächlich besteht die religiöse Landschaft in diesem Kulturkreis – vom Islam abgesehen – hauptsächlich aus zwei nennenswerten Gruppen, aus den noch gläubigen Christen und aus den neuen Selbstgläubigen, Indifferenten, Skeptikern und Zweiflern, und diese dürften inzwischen sogar die Mehrheit bilden. Doch gerade diesen muss heute eine besondere Aufmerksamkeit und Beachtung gelten, denn sie sind der Adressat einer neuen ‚Seelsorge‘, weil gerade sie durch den Wegfall der traditionellen religiösen Stabilisatoren einem Vakuum in der Sinnkrise und damit sich selbst überlassen sind, und das ist nicht gut so.

Konsum, Produktion und Unterhaltung als die neuen Ausgaben von ‚Brot und Spiele‘, wirken nur als schwache Nothelfer, sie sind nicht belastbar und immunisieren nur notdürftig gegen Radikalisierung oder lähmenden Nihilismus. Die Vorstellung gewinnt an Geltung und Gewicht, dass die geschichtlich prägende Phase der klassischen Hochreligionen als Leitkultur abgelaufen ist – zumindest bei der sogenannten Bildungselite . Was aber dann? Wenn man nicht einfach große Teile der Menschheit perspektivisch dem Konsum und der Produktion als Selbstzweck überlassen will, dann sind genau auch die Kräfte und Fähigkeiten gefordert, die an der Schwächung der Hochreligionen zumindest indirekt beteiligt sind, nämlich die Wissenschaft und das autonome Denken. Sie dürfen sich nicht neutral einfach wegducken, sie müssen aus der mitverursachten Not eine Tugend machen. Die westliche Kultur mit ihrer Aufklärung und Wissenschaft muss selbstsicher und überzeugt nach neuen Lösungen suchen, sie darf das Auffüllen des entstandenen Vakuums nicht einfach ‚religiösen Xenophyten‘ überlassen. Auch diese sind keinesfalls besser als unsere eigene Tradition.

Wenn die Wissenschaft und das autonome Denken mit ihren Resultaten ein Erfolg sind – und das sind sie, dann müssen aus dieser Richtung heraus auch wieder sinngebende Perspektiven und Lösungen entwickelt und angeboten werden. Denn ja, das Welt- und Menschenbild der Wissenschaft enthält auch gehaltvolle Einschlüsse, die über einen formalen Szientismus weit hinausgehen, denn sie eignen und empfehlen sich für so etwas wie ein neues Narrativ als Sinn- und Ordnungsrahmen für die Lebensgestaltung der gesamten Menschheit. Und dies gilt für beide Gruppen der heutigen Gesellschaft, für die noch Gläubigen und für die nicht mehr Gläubigen, denn beide leben in derselben Welt mit gemeinsamer Verantwortung für sie. Doch leider fallen die heutigen Universitäten bei diesem Thema faktisch aus. Ihre Natur- und Lebenswissenschaften bestehen – selektionsbedingt – überwiegend aus Spezialisten und hoffentlich guten Fachleuten. Sie wollen aber ihre Kreise selbst nicht stören und überlassen die ideologischeren Diskussionen lieber einigen weniger diszipliniert denkenden Kollegen aus den Politik- und Sozialwissenschaften. Wenn dann doch einmal ein Lebenswissenschaftler im Studium generale seinen Standpunkt vortragen soll, gibt es Protest, er wird ‚gecancelt‘ und wieder ausgeladen.

Das neue Narrativ ist aber keinesfalls so neu und überraschend, jedenfalls ist es keine neue fantasievolle Spekulation und kein kühnes umwerfendes Neukonstrukt. Es ist nicht mehr und nicht weniger als die konsequente praxistaugliche Aufbereitung und Erschließung des neuen Welt- und Menschenbildes unserer Wissenschaft zu einem sinnstiftenden Programm und Rahmen für gelingende Lebensgestaltung. Es ist nichts anderes als das um die ethische Dimension erweiterte zeitgemäße Welt- und Menschenbild. Und gerade in dieser schlichten Ehrlichkeit und Bescheidung liegt seine Legitimität und seine Stärke.

Ein solches evolutionskonformes Ethos ist deshalb nicht nur vernünftig und legitim, es ist auch dringend geboten und überlebensnotwendig sowohl im Hinblick auf die Krise und Schwäche der Religionen wie auch für die Politik der säkularen Staaten. Die Auszehrung der Glaubenssubstanz in den entwickelten Bildungsgesellschaften hinterlässt ein Vakuum, das durch konsumorientierten Individualismus höchstens verdrängt, jedoch nicht stabilisierend ausgefüllt und ersetzt werden kann. Aber auch dort, wo sich gottgläubige Religiosität noch behauptet, muss diese sich einen neuen Rahmen mit kosmischer Raum- und Zeitperspektive zulegen, wenn ihre Funktion und Bedeutung noch mehr als pure Selbstbehauptung sein will. Sie muss Abschied nehmen von der Naherwartung eines Weltenendes und statt dessen die kosmischen Raum- und Zeitdimensionen ohne Vorbehalte akzeptieren. Und auch die weltliche Politik bedarf der Ergänzung und Modernisierung durch die kosmische Perspektive als neuer gemeinsamer Rahmen. Diese befreit die traditionell liberalen, sozialistischen und religiösen Parteien aus ihrer sektoralen Verengung und fördert im Konfliktfalle ihre Kompromissfähigkeit, wenn es um Entscheidungen mit futuristischer Bedeutung geht. Insgesamt verleiht das evolutionäre Ethos dem religiösen, kulturellen und politischen Entscheiden und Handeln mehr Ernsthaftigkeit, Gewicht und Realitätsnähe.

IV. Kennzeichen und Wirkungsfeld des evolutionären Ethos

Was also bleibt uns letztlich an sicheren und verlässlichen Bestandteilen für unsere diesseitige Vorsorge und Weltgestaltung? Es sind dies die kosmologisch-organismische Evolution mit ihren Gesetzen und wir selbst an ihrer Spitze mit den begrenzten, aber auch ausreichenden Fähigkeiten an Intelligenz, Vernunft und Wille, und außerdem die bewährten Werte unserer Kultur und Tradition – nicht mehr, aber auch nicht weniger. Das evolutionäre Ethos ist eine konsequente und anspruchsvolle Antwort auf diese unsere *Conditio humana*.

Sparsame Theorie – aber weites Feld für die Praxis

Unsere Unsere Lage ist ernster als es die vordergründige Zufriedenheit vieler Menschen in den Konsum- und Unterhaltungsgesellschaften vermuten lässt. Die Krise der Religion und der Politik verlangen von uns Mut, Entschlossenheit und Disziplin. Über Jahrhunderte und Jahrtausende hinweg haben Hochreligionen die Menschen in ihrem Kulturkreis mit Orientierungslehren und Sinndeutungen für ihre Lebensführung versorgt und stabilisiert. Diese Organisationen erfahren gegenwärtig einen dramatischen Schwund an Gläubigen und Mitgliedern durch die geschwächte Überzeugungskraft ihrer Botschaften und durch den Autoritätsverlust ihrer geistlichen Elite. Schon namhafte Theologen des 20. Jahrhunderts wie z. B. Karl Rahner ahnten den Wandel und die

Auszehrung der christlichen Volkskirchen zu kleineren Bekennt-nisminoritäten. Diese Ahnung bestätigt sich heute. Wer füllt dann das Vakuum aus? Oder ist überhaupt noch etwas auszufül-len wie manche behaupten, weil kein Bedarf mehr nach so etwas wie transmateriellem Sinn unseres Lebens besteht?

Was ist ein Ethos, was ist damit gemeint? *Als Ethos bezeichnen wir hier die affirmativ-positive Haltung und Einstellung, mit der wir der uns vorgesetzten natürlichen Ordnung und Realität begeg-nen, ihre Eigengesetze respektieren und diese im eigenen Handeln zur Geltung bringen.* Evolutionär ist dieses Ethos aber, insofern es sich auf die uns erfahrbare evolutive Schöpfungsgeschichte bezieht als ein Offenbarungsprozess sui generis mit seiner noch offenen Zukunft, seiner metaphysischen Unbestimmtheit und seiner Geheimnishaftigkeit. Dieses Ethos erfährt und versteht die schöpferische Evolution als einen unbedingten Auftrag an uns, und es ist als Antwort ein vertrauendes Bekenntnis zu ihr. Ein Ethos ist also so etwas wie ein moralischer Instinkt, der uns sagt, was sich jeweils gehört und was nicht, was passt und was nicht passt. Es hilft uns nicht nur bei unseren zwischenmenschlichen Beziehungen, es gibt uns auch das richtige Gespür für unse-ren Umgang mit den Vorräten und Strukturen der natürlichen Schöpfung. Es erhält das Bewährte und entwickelt es adaptiv weiter, es ist deshalb nicht revolutionär und auch nicht reaktio-när, es ist eben evolutionär und deshalb auch anspruchsvoll kon-servativ. Dieses Ethos ist jedem formalen Legalismus vorgesetzt und vorgeordnet, es lässt sich juristisch nicht vorschreiben und herbeizwingen.

Die Frage nach dem rechten, d. h. nach dem wahren Glauben und die Frage nach dem rechten Tun und Lassen gehörten zu den Kardinalfragen unserer philosophischen und theologischen Kulturgeschichte. Schon Immanuel Kant hat die ganze Fragwürdigkeit unserer Existenz als philosophisches Problem in die drei Fragen gefasst und auch schon die Richtung ihrer Beantwortung vorgezeichnet: Was kann ich wissen, was soll ich tun, und was darf ich hoffen? Die Frage nach den Grenzen unseres Wissens hat die Erkenntnistheorie mit der exakten Wissenschaft nach zähem Ringen um die richtige Methode normativ gültig geklärt. Die Frage nach dem rechten Tun erweist sich dagegen schon als viel schwieriger, aber sie lässt sich noch immer mit rationalen Argumenten beantworten. Die Frage nach einem tragenden Glauben und Hoffen bleibt schließlich ganz als private Entscheidung der Einzelperson vorbehalten. Aber auch bei den Antworten darauf verbleibt uns nicht nur irrationale Willkür und wilde Fantasie.

Ethik und Religion geben Antworten auf die ultimative Sinnfrage sowie auf die Frage nach dem richtigen Handeln und nach der uns verbleibenden Hoffnung. Doch welche Angebote und Antworten bietet uns hierzu unsere postmoderne liberale Gegenwart? Es lassen sich diesbezüglich wohl drei ‚Bekenntnisfamilien‘ für die Ausrichtung und Gestaltung unseres Lebens abgrenzen. Nach wie vor bieten sich uns dazu die Offenbarungsreligionen an mit ihrem Vorsehungsglauben an Gott als eine personale, weise und gütige Ordnungsmacht. Wo aber solcher Glaube brüchig ist und auf Skepsis stößt, verbleiben uns zwei kurzsichtigere alternative Angebote: Entweder ein blinder optimistischer Fortschrittsglaube als Ersatzreligion, oder einfach ein zukunftsnihilistischer auf das Hier und Jetzt fixierter Konsumpragmatismus. Jedoch alle diese drei haben ihre Schwächen und Mängel.

Ein deterministischer Vorsehungsglaube ist aus den bereits besprochenen Gründen künftig kaum mehr mehrheitsfähig und bleibt daher abgesehen von den Muslimen auf überschaubare Minderheiten begrenzt. Die beiden anderen sind entweder theoretisch – ewiger Fortschritt – oder moralisch – nur Konsum und Unterhaltung – mangelhaft und damit intellektuell und ethisch wenig attraktiv. Gefragt ist deshalb ein neues Bekenntnis, das diese Mängel und Schwächen mindert indem es einerseits nicht zu viel behauptet, sich aber auch nicht in fatalistischer Resignation erschöpft. Diese Forderungen erfüllt das evolutionäre Ethos besser. Es genügt den von ihm erwarteten Mindestbedingungen. Es ist mehrheitsfähig, denn es basiert auf unserem wissenschaftlichen Weltbild, und dieses ist bewährt und universell gültig, weil unabhängig von spezieller Kultur und Tradition. Es motiviert aber auch zu vorsichtigem pragmatischem Handeln und immunisiert so gegen Ideologie und Fortschrittsblindheit. Und schließlich lähmt es nicht durch Apathie und Defaitismus, sondern befreit zu offenem Vertrauen, zu dem uns die bisherigen großartigen Leistungen der Evolution berechtigen – trotz ihrer unbestreitbaren Zumutungen und Härten.

In der Religion hat die Frage nach dem rechten Glauben den Vorrang, denn das rechte Handeln und der richtige Weg folgen aus den Vorgaben des wahren und richtigen Glaubens. In der Neuzeit und in unserer Gegenwart aber vertauschen sich diese Prioritäten zunehmend. Der Glaube als das für-wahr-Halten nicht überprüfbarer Botschaften verliert an Gewicht und Bedeutung, die Frage nach dem richtigen Handeln wird dagegen in einer komplexeren Welt wichtiger, sie koppelt sich von der Glaubensfrage ab und sie muss das tun, denn diese ist nicht mehr konsensfähig klärbar und lösbar. Das Handeln aber können wir nicht aufschieben und warten, bis die letzten philosophischen und theologischen Fragen mehrheitsfähig geklärt sind, zumal die Bemühungen um eine rationale Begründung unseres Handelns im Vergleich mit den Problemen bei Glaubensfragen immer noch aussichtsreicher sind. Die Frage nach dem wahren und richtigen Glauben kann und muss daher offen bleiben, ohne dass wir damit notwendiges und sinnvolles Handeln blockieren. Und genau diese Umstände sprechen für den Vorrang und die Dringlichkeit einer autonomen Ethik, jetzt und in der Zukunft.

Das hier postulierte Ethos mit seiner Akzentverschiebung vom Glauben zum Tun, besitzt dann die folgenden Kennzeichen: Ganz oben steht dabei der Grundsatz, dass das Sollen aus dem Sein folgt und dass Ethik und Moral unbedingt sich nach den Fakten richten müssen und nicht umgekehrt nach unserem Wünschen und Wollen, wie dies bei politischen Ideologien leider zu oft der Fall ist. Weil aber die Wissenschaft, insbesondere Physik und Biologie, als Faktenbasis zuständig sind für das Sein von Mensch und Welt und für alles, was ohne Rücksicht auf unser Wollen und Wünschen nach Gesetzen abläuft, muss ihr konsensfähiges Wissen auch oberster Rahmen und Grundlage sein für unser Handeln und Gestalten in der künftigen Welt.

Aber auch ganz allgemein gelten für das Verhältnis von Theorie und Praxis neue Akzente bei diesem Ethos. Seine *Theorie* ist kurz und sparsam, denn sie ist nichts anderes als eine Kurzfassung der Grundzüge der universellen Evolutionstheorie. Dazu gehören als unverrückbare Festlegungen und schicksalhafte Vorgaben z. B. diese: Der Urknall und die damit geltenden

Raum-Zeit-Dimensionen des expandierenden Kosmos, ebenso die Naturkonstanten und die vier Grundkräfte mit ihrer Feinabstimmung als Voraussetzung für die Selbstorganisation des organischen Lebens. Auch die Erhaltungssätze für Energie, Materie und Impulssetzung sowie ihre Entropie- und Transformationsgesetze gehören dazu, denn aus nichts kommt nichts, und nichts verschwindet spurlos, und auch ein Perpetuum mobile gibt es nicht. Nicht zu vergessen sind hierbei auch Geist und Seele als Systemeigenschaften unseres Gehirns. Beide sind emergente Zustandsgrößen des Integrations- und Ordnungsgrades eines hoch komplexen neuronalen Systems. Dies alles ist Faktengrundlage für unsere Selbst- und Weltgestaltung, und damit ist der sichere theoretische Rahmen schon umschrieben (2, 6, 7).

Und an dieser Grenzzone unseres Wissens bleibt uns dann doch noch ultimativ ein harter *metaphysischer Rest* als Frage. Es ist die Frage nach der letztursächlichen Begründung und Veranlassung all dieser Weltstrukturen und Daseinsbedingungen, die unserem empirischen und theoretischen Begreifen gerade noch zugänglich, aber auch fraglos vorgesetzt sind. Doch diese Frage müssen wir aushalten, stehen- und vertrauend offenlassen. Jede vorschnelle und billige Antwort darauf verniedlicht das Problem und auch den Ernst der Lage, in der wir uns vorfinden. Diese Offenheit gilt auch für die Frage, ob die unterstellte Restmetaphysik dualistisch oder eher monistisch ist. Solche Offenheit und Unsicherheit ist der Grundzug und auch der Ausweis für die Ehrlichkeit unserer neuen Ethik. Sie ist deshalb mit dieser Vorläufigkeit und Offenheit nichts anderes als verantwortbares Handeln in einem ontischen Feld aus komplexen Strukturen als Vorgabe für unser Leben. Sie tastet nicht blind und orientierungslos in einem sinnleeren Raum, sie agiert in einem geordneten Kosmos und ist deshalb nicht nihilistisch.

Dieses um die ethische Dimension erweiterte Welt- und Menschenbild vollzieht gegenüber ihren Vorgängerinnen einen veritablen Paradigmenwechsel bei der Setzung seiner Prioritäten in mehrfacher Hinsicht. Denn behauptete bisher die Metaphysik ihre Deutungshoheit und Dominanz gegenüber der Physis, also der erfahrbaren natürlichen Lebenswelt, so kehrt sich nun dieses Verhältnis um. Die Physis setzt der metaphysischen Deutung jetzt ihre Spielräume, sie grenzt ein, was diese noch kann und seriös auch darf. Metaphysik als Konstrukt einer freien Spekulation hat jetzt ausgedient, es bleibt ihr nur der Freiraum offener Fragen und sinnstiftender Deutungen, den ihr das disziplinierte Konstrukt der wissenschaftlichen Theorie noch lässt. Dementsprechend kehrt sich in der neuen Erzählung dann auch das Verhältnis von Theorie und Praxis um zugunsten letzterer. Die Theorie schrumpft auf den notwendigen Minimalbereich, dafür wird dann mehr Aufmerksamkeit, Zeit und psychische Energie frei für die Praxis, für das Gestalten bisheriger und neuer Handlungsfelder. Eine explizite Theologie verliert an Gewicht und Autorität, dafür aber treten ethische Fragen in den Vordergrund. Es geht also um eine Akzentverschiebung von überzogener Theorie zu drängender Praxis, vom rechten Glauben zum rechten Tun und von viel direktem zu mehr indirektem Gottesdienst.

Und schließlich ist künftig der Mensch als autonom handelndes Subjekt in einem bisher nicht gekannten Ausmaß gefordert. Nicht als befreites Subjekt im Sinne eines Hurra-Liberalismus, vielmehr als Adressat einer neuen Ernsthaftigkeit und

Verantwortung. Er kann einige Abläufe und Vorgänge nicht mehr wie bisher einfach sorglos der Vorsehung oder dem Schicksal überlassen. Wir müssen Teile der Energie und Aufmerksamkeit, die wir bisher auf Glaubenskämpfe und Metawelten richteten, in die Gestaltung des diesseitigen Lebens investieren. Jedoch nicht für narzistische Selbstverwirklichung, vielmehr für die achtsame Mitgestaltung unserer physischen Um- und sozialen Mitwelt. In der Sache aber bewirken und stiften diese Verschiebungen bei der relativen Gewichtung von Theorie und Praxis, von Metaphysik und Physik, von Diesseits und Jenseits, von Autonomie und Heteronomie mit ihren neuen Akzentsetzungen genau das, was wir das *evolutionäre Ethos* nennen.

Dieses Ethos ist eine autarke Alternative zu der alten Metaphysik. Es ist ein sinnstiftendes neues Bekenntnis, welches kurz und bündig lautet: Die Evolution ist ein faszinierender Prozess mit noch möglichen positiven Ereignissen in offener Zukunft, und von uns Menschen hängt es mit ab, ob und wie sich dieser Vorgang weiterentwickelt, oder ob er vorzeitig scheitert. Die Evolution hat im Unterschied zur roboterhaften Welt der Insekten in der aufsteigenden Linie cortikaler neuronaler Systeme uns selbst mit Bewusstsein, Wille und Verstand entwickelt, also das, was wir herkömmlich Geist nennen. Wir können das für spielerischen Selbstzweck halten, besser und ethisch anspruchsvoller aber als einen Auftrag an uns selbst akzeptieren.

Unsere natürliche Verfassung und ihr Verfassungsschutz

Die uferlosen Diskussionen über unsere geschriebene Verfassung haben die Tatsache aus unserem Bewusstsein verdrängt, dass wir auch noch eine natürliche Verfassung besitzen, die nicht 70, sondern in Teilen Millionen Jahre zurückreicht. Im Unterschied zu unseren einfacheren tierischen Ahnen sind wir ein hochkomplexes Natur-, Kultur- und Sozialwesen. Wir leben nicht mehr als Jäger und Sammler in eine wilden Natur von der Hand in den Mund, denn alle unsere Grundbedürfnisse wie Nahrung, Kleidung und Wohnung haben wir kulturell hoch aufbereitet und verfeinert. Und unsere Sozialsysteme ermöglichen uns Güter und Leistungen, die das Einzelwesen niemals erbringen kann. Dieses verzahnte Leistungssystem ist unsere natürliche Verfassung, unsere *Conditio humana* mit den drei Subsystemen Familie, arbeitsteilige Gesellschaft und staatliche Macht für die innere und äußere Sicherheit. Diese sind als unsere obersten Wertprämissen für uns konstitutiv. Wir haben uns diese Verfassung nicht selbst gegeben, wir wurden in sie ungefragt von höherer Warte eingesetzt. Doch diese altbewährte Verfassung bedarf gerade heute eines wachen Verfassungsschutzes.

Eine Menschheit aus sterblichen Wesen kann nur fortbestehen, wenn diese Nachkommen hinterlassen. Die Schöpfung hat dazu die Zweigeschlechtlichkeit, das ist die Fortpflanzung durch zwei Funktionspartner Frau und Mann entwickelt mit der Lebensgemeinschaft Familie. Diese ist unsere kleinste soziale Einheit, sie ist die kultivierte Normalform geschlechtlicher Partnerschaft und als solche alternativ- und bedingungslos für die Erhaltung der Menschheit, bis heute! Sie erbringt damit eine Leistung, die andere partnerschaftliche Modelle nicht gewährleisten. Ihre privilegierte Vorrangstellung ist keine Anmaßung, denn sie beruht auf dieser ihrer unersetzbaren Rolle und Funktion. – Arbeit und Beruf sind Leistungen und Bedingungen für uns als entwickelte Wesen mit Kultur und Zivilisation. Wir leben nicht mehr in einer rohen Natur von der Hand in den Mund, vielmehr profitieren wir als Kulturwesen von hoch entwickelten Infrastrukturen, zu denen jeder gesunde Mensch, der ihre Vorzüge genießen will, einen angemessenen Beitrag leisten muss. Auf dieser Solidarität aus geben und nehmen beruht letztlich auch unsere Freiheit und Würde.

Und schließlich sind auch Staat und Gesellschaft für uns als Sozialwesen unverzichtbare funktionale Strukturen und Wertzustände. Der Staat wacht mit seinen Gesetzen über ein gesittetes Zusammenleben unterschiedlich begabter Menschen, und die arbeitsteilige Gesellschaft gewährt uns Freiheiten, die ein isoliertes Individuum nie erreicht. Aber auch nur ein wehrhafter Staat kann uns ein gewisses Maß an Schutz und Sicherheit vor fremder Gewalt und naturhaften Schicksalsschlägen bieten. Die Balance aus Rechten und Pflichten darf durch Trittbrettfahrer und Sozialglücksritter nicht in Schieflage geraten. Doch heute ist dieses bewährte mehr als tausendjährige Sicherheitssystem in fortgeschritten liberalen Staaten mit größeren Herausforderungen und Gefahren konfrontiert als jemals zuvor in seiner Geschichte.

Natur und Kultur sind unsere zwei Standbeine, die uns Halt, Charakter und Identität geben. Mit ihnen besitzen wir eine Sonderstellung im Reich der Organismen, denn damit leben wir im Geltungsbereich zweier verschiedener Gesetzestypen, einmal in der Natur- und Realwelt, dann aber auch noch in der von uns selbst geschaffenen Kultur- und Zivilwelt. Ihre wechselseitige

Beziehung ist alles andere als konfliktfrei, und deshalb ist gerade sie ein hervorgehobener Pflege- und Sorgefall für eine politische Ethik. Dabei geht es um die besonders sensible Nahtstelle zwischen Natur und Kultur. Unsere natürliche Lebenswelt gehört zum Geltungsbereich der Physik, der Biologie und Psychologie. Sie ist uns ungefragt vorgesetzt, ihre Gesetze sind hart oder von statistischer Geltung, aber nicht beliebig biegsam. Sie sind bewährt, denn ihr Alter misst sich in erdgeschichtlichen Dimensionen.

Die Menschengesetze unserer Kulturwelt dagegen sind – wie schon ihr Name sagt – von uns Menschen gesetzt und verfügt für alle die Bereiche und Strukturen unserer Sozialwelt, die die Natur nicht gesetzlich festgelegt hat und deshalb für uns zur Gestaltung offen ließ. Sie verdanken sich also unserer autonomen Weisheit und Klugheit, aber oft auch den Launen und Interessen mächtiger Gruppen sowie der politischen Macht und Mode. Sie sind deshalb nach Bedarf interpretier- und biegbar und können über Nacht ihre Geltung wieder verlieren, wenn es der Mehrheit so passt. Diese Unterschiede zwischen Natur- und Menschengesetzen mit ihrer Nahtstelle bergen ein Konfliktpotenzial, das besonders unsere Neuzeit kämpferisch durchzieht, denn hier öffnet sich das Tor für progressives schalten und walten. Im Bereich der Kultur sind wir Herr im Hause, der Natur aber müssen wir uns fügen. Die äußere Natur als Umwelt respektieren wir ehrfürchtig, unsere eigene Innennatur dagegen wird uns schnell zum Ärgernis, wenn einiges an ihr uns nicht passt. Wir ignorieren sie dann einfach und lassen sie links liegen. Aber sie lässt sich nicht alles gefallen und meldet sich früher oder später zurück.

Seit Jahrhunderten durchzieht so etwas wie ein ‚Verfassungsstreit‘ unsere Kulturgeschichte mit der Frage: Wer hat mehr

Einfluss auf unsere persönliche Entwicklung und Prägung, Natur oder Kultur, Gene oder Umwelt, Vererbung oder gesellschaftliches Milieu? Seit den frühen englischen Empiristen mit ihrer tabula-rasa-Theorie über Skinners Behaviorismus bis herauf zum heutigen Konstruktivismus mit Genderismus und Geschlechtervielfalt beherrscht ein harter Meinungsstreit die anthropologische Diskussion, der wohl nie zum Abschluss kommt, denn es geht auch dabei letztlich um Politik. Die Koalition aus radikalen Konstruktivisten, rechtspositivistischen Juristen und linksliberalen Politikern bildet eine gefährliche Machtkonstellation. Die reine Milieutheorie behauptet sich immer wieder hartnäckig, denn alles an uns ist jetzt definier- und regulierbar, weil milieubedingt und nur gesellschaftlich von außen vermittelt. Es gelten für unsere Selbstgestaltung weder Naturgesetze noch moralische Grenzen. Da aber unser Gehirn der Vollzugsort aller Lern- und Prägungsvorgänge ist, ist die Neurobiologie die kompetentere Disziplin für die Klärung solcher Streitfragen. Wer und was also führt die Regie bei der Verdrahtung und Verknüpfung der mehr als 10 Milliarden Neurone unseres Gehirns? Die empirisch gut gesicherten Resultate ihrer Forschung lassen sich so zusammenfassen: Die Genetik konstruiert den Rohbau des Gehirns, die Umwelt, das Milieu, beteiligt sich an seiner Innen- und Feinarchitektur. Was aber im Rohbau als Rahmen nicht schon angelegt ist, kann auch kunstreichste Feinarchitektur nicht mehr nachholen (2).

Die Folgen dieses großzügigen Definitionskartells sind schon jetzt nicht mehr zu übersehen. Die zweigeschlechtliche Familie mit Kindern ist nur noch eine Spielart neben anderen gleichberechtigten Formen partnerschaftlichen Lebens. Die Geschlechtsidentität ist frei wählbar schon im frühen Jugendalter und sie kann sogar mehrmals gewechselt werden. Die materielle Sicherheit ist für Gesunde jetzt nicht mehr ausschließlich an Arbeit und Leistung gebunden, denn Wohlstand kann auch durch Staatsverschuldung finanziert werden. Und Staatsgebiet und Staatsvolk lösen sich zunehmend in die globale Dorfgemeinschaft auf. Der Staat wird zur offenen Bahnhofshalle mit verschiedener Verweildauer seiner Gäste. Er überwacht das Kommen und Gehen und rechtfertigt sein Dasein mehr und mehr nur noch damit, die offene Kriminalität zu begrenzen. Eines der vielen Probleme des neuzeitlichen Liberalismus liegt nicht darin, dass es Minderheiten gibt, die Respekt und besonderen Schutz verdienen, es entsteht eher dadurch, dass Mehrheiten und Minderheiten, Normalitäten und Abweichungen beliebig auswechsel- und austauschbar sind und dass so eine große öde Gleichmacherei auch die wohltuenden Unterschiede verdächtig macht und entwertet.

Gegen die Wucht und Macht solcher destruktiver Kräfte bedarf es einer entsprechenden Gegenkraft, die diese Dynamik stoppt und ein noch erträgliches Gleichgewicht der gesellschaftlichen Antagonismen ermöglicht. Das evolutionäre Ethos ist der berufene unbestechliche Verfassungsschutz unserer *Conditio humana*, der sich nicht nach Bedarf austauschen lässt. Er verteidigt unsere natürliche Verfassung mit ihren drei obersten Wertprämissen: Familie, Kultur durch Arbeit sowie Sicherheit durch staatliche Macht (8). Ohne ihn verirren wir uns ziellos im Nebel der täglich neuen Verheißungen.

Zusammengefasst gilt für uns als Naturwesen die oft und schnell verdrängte Wahrheit: Die Natur nimmt keine Rücksicht auf unsere guten Wünsche und Gefühle, umgekehrt aber müssen wir ihre Gesetze beachten, wenn wir bei der Sicherung einer humanen Zukunft nicht scheitern wollen. Die Gesetze der Physik sind der härteste Stahl unter allen Gesetzestypen. Aber auch das Entropiegesetz sorgt dafür, dass aller Fortschritt immer und notwendig ein doppeltes Gesicht trägt und zweischneidig ist. Demnach gibt es keine Heizung ohne Verluste, kein Wachstum ohne Verbrauch, keine Gewinne ohne Kosten, keine Wertschöpfung ohne Entwertung, und auch keine Freiheit ohne Risiken und neue Zwänge. Um aber die Gesamtbilanz solcher unvermeidbarer Doppeleffekte zu Gunsten der positiven Wirkungen zu optimieren, ist bei allem Handeln Intelligenz, Rück-Sicht, Um-Sicht und Vor-Sicht, d. h. Ethik geboten. – Neben solchen obersten Wertprämissen und allgemeinen Universalien verbleibt dem ethischen Wächteramt schließlich noch ein anderes weites Feld zur Anwendung von Wachsamkeit und Pflege.

Ein Ethos für die politische Kultur

Nach gängiger Meinung richten sich ethische Regeln und Ansprüche vorzüglich an unseren privaten zwischenmenschlichen Umgang, z. B. an unsere Geldgeschäfte und an unseren Stil als Nutznießer von Umwelt- und Naturgütern. Doch der Anspruch der Ethik erstreckt sich nicht weniger auch auf unseren Umgang mit den Strukturen von Staat und Gesellschaft und deren Regierungsform, die Demokratie. Diese hat quasi Ewigkeitsgeltung, sie ist aber kein Selbstläufer, im Gegenteil, auch sie kann schnell – wie Erfahrung und Gegenwart leider zeigen – zum Zerrbild ihrer selbst und zur Herrschaft oligarchischer Machteliten korrumpieren. Und weil in dieser Staatsform die meisten Maßnahmen über unser Wohl und Weh entscheiden, gehört auch sie und ihre politische Kultur sowohl beim Wähler wie auch ganz besonders bei den Gewählten zum Geltungsbereich einer evolutionären Ethik. Als Feinde der Demokratie gelten gewöhnlich äußere Mächte wie Tyrannei und Diktatur, aber auch extreme politische oder religiöse Kräfte. Sie hat aber auch ihre eigenen nicht mindergroßen Gefahren und inneren Schwachstellen, und diese bestehen im schleichenden Machtmissbrauch durch mächtige Interessensgruppen auf formaldemokratisch völlig legalem Weg. Das Wächteramt in der Demokratie obliegt der Justiz, und diese nennt sich auch gerne Jurisprudenz, also schon namentlich eine Klugheit. Sie ist demnach kein rein wissenschaftlich empirisches, vielmehr ein abwägend dezisionistisches Entscheidungssystem. Deshalb ist auch der demokratische Rechtsstaat nicht nur von außen durch Diktatur und Extremismus, sondern auch von innen durch parteipolitische Instrumentalisierung des Rechts mittels juristischer Sophisterei bedroht. Auch gegen solche Gefährdungen ist Ethik dringen gefragt, denn die Kontrolle der Justiz allein und nur durch Justiz ist zirkulär und wird schnell wirkungslos.

In der Demokratie gilt das Mehrheitsprinzip, und seine stur-rigorose Formulierung lautet: Mehrheit ist Mehrheit, egal wie sie zustande kommt und wie sie sich begründet. Das aber bedeutet dann, dass sich im Zweifelsfalle auch die Wahrheitsfrage ihr unterordnet und dass dann Mehrheit gleich Wahrheit ist und umgekehrt. Solches aber ist gefährlich und inakzeptabel, denn Mehrheiten können irren und Minderheiten können die besseren Lösungen für Probleme anbieten. Der reine Mehrheitsformalismus ist also mangelhaft, er bedarf besonderer Anstrengungen zu seiner Rechtfertigung und Legitimation. Entscheidungen in der Demokratie müssen sich nicht nur per Zahl mehrheitlich, sie müssen sich auch inhaltlich sachgemäß legitimieren. Gibt es Bedingungen, denen sich auch die Mehrheit fügen muss, ein Verfahren oder eine Autorität, der sich auch das Mehrheitsprinzip unterordnen muss?

In unserer Kultur- und Staatsgeschichte wurden als oberste Autorität für die Begründung und Geltung vorn Gesetzen verschiedene Legitimationsmuster durchgespielt und praktiziert: das Gottesgesetz, das Naturgesetz und das positive Menschengesetz. Jedes von ihnen hat sich aber allein und absolut gesetzt als problematisch erwiesen. Gottesgesetze sind so vielfältig wie die Anzahl der Religionen mit ihren Offenbarungstexten, und sie sind deshalb in pluralen Gesellschaften nicht mehr konsensfähig. Das Natur- und Vernunftgesetz der Aufklärung und mit ihm die Ideale der französischen Revolution – Freiheit, Gleichheit, Solidarität – haben durch Übertreibung und Maßlosigkeit die Hoffnung, die sie geweckt haben, schnell gedämpft. Sie endeten zu oft in realitätsferner Naivität oder sogar in abstoßendem politischem Terror. In modernen liberalen Verfassungsstaaten hat sich deshalb nach manchen misslungenen Versuchen das Menschengesetz durchgesetzt. Es beruht auf einer von qualifizierten Menschen vereinbarten schriftlichen Verfassung, die alle nachfolgende parlamentarische Gesetzgebung bindet und von einem Verfassungsgericht kontrolliert und verbindlich ausgelegt wird.

Jedoch, auch alle diese Institutionen und parlamentarischen Gremien sind nicht unfehlbar, auch sie verfügen über keine höhere Inspiration oder Erleuchtung, auch ihnen verbleibt nur die autonome moralische Vernunft auf der Basis eines zeitgemäßen wissenschaftlichen Welt- und Menschenbildes. Und damit landen wir dann doch wieder bei so etwas wie einem weniger naiv verstandenen Natur- und Vernunftgesetz. Wo aber verdichtet sich diese Vernunft maßgebend und normativ hoffentlich noch als akzeptable Autorität? Es sind die gesetzgebenden Parlamente, die frei und unbehindert gewählten Repräsentanten des Staatsvolkes als der eigentliche Souverän. Hier werden die Mehrheitsentscheidungen bindend, aber nur, wenn sie nach offener und freier Diskussion beschlossen werden, und auch nur, wenn die ständige Bereitschaft zur Korrektur durch bessere Argumente fortbesteht. Aber auch dann verbleiben uns immer nur die relativ besseren Lösungen anstelle von autoritären Beschlüssen und dogmatischen Verfügungen, und gerade deshalb kommt auch hier eine politische Ethik ins Spiel. Sie muss über die Wahrung unserer politischen Kultur wachen, d. h. darüber, dass Gesetze und Regierungshandlungen sich immer nur solchen Resultaten verdanken, die dieses anspruchsvolle Prüfungsverfahren überstanden haben, und sie muss darauf bestehen, dass bei der personellen Besetzung der verschiedenen Instanzen und Kontrollgremien die Auswahl der am besten Geeigneten und nicht eine Quotenregel oder parteipolitischer Proporz und Nutzen das Verfahren bestimmt. Ja, die Demokratie bedarf, wenn sie breite Akzeptanz und Zustimmung finden soll, eines aristokratischen Attributes, nämlich der Repräsentanz des Wahlvolkes durch die ‚Aristoi‘, d. h., die Besten.

Noch ein letztes Stichwort mit ethischer Relevanz in der Politik: Verschuldung. Nicht nur ärmere Länder der Dritten Welt, auch liberale reiche Wohlfahrtstaaten folgen einem Verschuldungskurs ohne ehrlichen Willen und Vorsatz, ihren Schuldenstand abzutragen. Verschuldung bedeutet im Wortsinn ja nichts anderes, als dass man den geschuldeten Gegenwert für ein konsumiertes Gut nicht leistet, vielmehr die Schuld in die Zukunft vorherschiebt und so den späteren Generationen aufbürdet. Die gesamte öffentliche Verschuldung in Deutschland mit seinen 83 Millionen Menschen beläuft sich im Sommer 2023 auf etwa 30.000 Euro pro Kopf! Weil aber solche Schuld meistens nicht durch Schicksalsschläge verursacht oder in Notlagen durch die Pflicht zur Selbsterhaltung erzwungen wurde, vielmehr sich zu großen Teilen überzogenem Wohlstand verdankt, ist sie eher ein Zeichen für ethisch-moralisches Versagen. Wertschätzung und Autorität verdankt ein Staat nicht nur seinen materiellen Wohltaten, sondern auch seiner sittlichen Qualität.

Vorjuristische Voraussetzungen für Staat und Gesellschaft

Der Liberalismus duldet und fördert nolens-volens chaotische gesellschaftliche Zustände, und er versucht dann, das Chaos durch immer mehr Gesetze einzudämmen – er wird so schleichend zum Gesetzes- und Verbotsstaat und damit zum Widerspruch seiner selbst. Kann so etwas überhaupt gelingen? Spätestens dann, wenn es um Stil und Qualität der demokratischen Kultur geht, drängt sich die grundsätzliche Frage auf, ob es überhaupt möglich ist und erfolgreich erscheint, sachgerechtes Entscheiden und gelungenes Handeln allein durch immer mehr und präzisere Gesetze, Vorschriften und Verbote erzwingen zu können oder ob dieser Versuch an seiner eigenen Vergeblichkeit immer wieder scheitern muss. Die juristische Zunft fordert ja selbst, dass Gebote nach Geist und Buchstabe zu befolgen sind. Offensichtlich also schafft es der Buchstabe – das geschriebene Gesetz – allein nicht, sinngemäßes Handeln zu gewährleisten, es muss auch noch so etwas wie Geist mit im Spiel sein. Damit sind wir wieder bei unserem Thema angelangt, bei so etwas wie Ethik und Ethos.

Der Jurist Böckenförde wird häufig und sinngemäß mit der Aussage zitiert: Auch der liberale Rechtsstaat lebt von Voraussetzungen, die er selbst nicht mehr garantieren kann. Das heißt, er ist auf Bedingungen angewiesen, über deren Gewährleistung er nicht mehr selbst verfügen kann. Dieses Diktum wird heute wie eine neue Offenbarung gehandelt, doch auch die Juristen müssen damit das Rad nicht neu erfinden, denn es artikuliert nur eine alte und lange bekannte Einsicht, die für jeden, der erkenntnistheoretisch ausreichend gebildet ist, nicht umwerfend neu ist. Es zeigt aber auch, dass heute bestimmte Dinge nicht mehr so selbstverständlich sind wie sie es sein sollten, denn gerade die politisch-juristische Zunft wird im Liberalismus schnell übergriffig und totalitär. Mit ihrer Definitionsallmacht glaubt sie, alles bestimmen und regulieren zu können. .

Jede Definitions- und Argumentationskette kommt einmal an einen Punkt, an dem Fakten oder Grundsätze einfach akzeptiert werden müssen. Falls nicht, wird jedes weitere argumentieren oder beweisen zirkulär und sinnlos oder bricht erfolglos ab. Der Mathematiker Kurt Gödel hat diese Zusammenhänge in seinem Unvollständigkeitstheorem analysiert und exakt bewiesen. Danach kann kein formallogisches oder mathematisches System lückenlos und vollständig aus sich selbst bewiesen werden. Es muß immer auf einige Prämissen oder Axiome von außerhalb seiner selbst, die es nicht mehr beweisen kann, zurückgreifen. Ohne solche Voraussetzungen bleibt es zirkulär oder unvollständig. Das Diktum von Böckenförde ist demnach nichts anderes als die

Anwendung des Gödelschen Theorems auf das juristisch-politische Regel- und Gesetzeswerk, denn dieses hat auch so etwas wie eine Unvollständigkeitslücke. Sowohl beim Gesetzgeber wie auch beim Adressaten aller Gesetze und Vorschriften müssen demnach auch noch vorjuristische Bedingungen akzeptiert und gegeben sein, wenn Gesetze ihre Wirkungen entfalten sollen. Schließlich kann man nicht auch noch den Gesetzesgehorsam definitorisch erzwingen. Und auch Immanuel Kant hat schon gezeigt, dass bei unserem sprechen und argumentieren strukturelle Denkformen a priori gelten, die wir voraussetzen müssen, aber nicht selbst erschaffen oder frei wählen können.

Und was schließlich ist dann die Anwendung und Botschaft aus diesen Überlegungen und Einsichten? Auch ein funktionsfähiger Staat und eine lebenswerte Gesellschaft bedürfen dringend eines Vorrats an gemeinsam akzeptierten Wertprämissen, andernfalls zerfallen sie in ein Neben- und Gegeneinander aus verschiedenen Substrukturen mit ihren Eigenwerten, die sich dann wechselseitig mehr behindern als fördern. Und der Staat wird dann mit seiner Gesetzesflut den Wettlauf bei diesem Spiel der antagonistischen Kräfte nie gewinnen. Wenn ein Mensch in seinem Leben keinen Sinn erkennt, ist es zwecklos und vergeblich, ihm mit Vorschriften und Argumenten sinnvolles und lebenstaugliches Handeln beibringen zu wollen. Nur und erst unter der Voraussetzung, dass er einen starken Willen zum Leben als einen Wert besitzt, greifen solche Appelle, doch genau diesen Lebenswillen muss man erst voraussetzen.

Und ganz ähnlich verhält es sich auch bei Staat und Gesellschaft. Mit unserer natürlichen Verfassung besitzen wir einen vorjuristischen Bereich an Wertprämissen, die mit Stichworten wie Familie, Arbeit und Staat bereits mehrmals hier thematisiert wurden. Auch solche Werte können nicht mehr nur durch Gesetze an- und eingetrichtert werden, sie müssen durch soziales Lernen, durch Vorbilder und gute Beispiele sowie durch eigene Sinnerfahrung entwickelt und aktiv angeeignet werden. Zu diesen vorjuristischen Grundlagen gehören Daseinsbedingungen, die über Glück oder Unglück im Leben der Menschen entscheiden, z. B. die richtige Wahl und Entscheidung bei Beruf und Partnerschaft. Der Staat muss in seinem Schul- und Bildungssystem die jungen Menschen bei solchen Existenzfragen vorrangig fördern und unterstützen, er darf sie dabei nicht einseitig den Einflüssen fragwürdiger Interessensgruppen überlassen. Wenn er aber stattdessen Genderstudien an den Universitäten finanziert und die freie Wahl beliebiger Geschlechtstypen als Zeichen emanzipierter Reife fördert, so handelt er kontraproduktiv und beteiligt sich direkt und indirekt an der Zerstörung jener vorjuristischen Humanbereiche, von denen auch der liberale Staat lebt.

Dieser vorjuristische Struktur- und Wertebereich ist der eigentliche Ziel- und Geltungsbereich der Ethik. Er ist allen vernünftigen Menschen zugänglich und daher kein Privileg und Vorrecht nur der politisch-juristischen Eliten. Gerade er bedarf dringend der Aufwertung seiner Gewichtung und Bedeutung. Im Gegenzug muss die Hypertrophie und Übergewichtung des juristischen Urteilens auf das funktionsgerechte Maß verschlankt werden. Auch hier ist eine Akzentverschiebung und ein Prioritätenwechsel vordringlich, um der Gefahr eines totalitären Selbstverständnis der juristischen Disziplin Einhalt zu gebieten. Denn wann immer ein politisch zu lösendes Problem irgendwo auftaucht, sind vernunft- und sachbasierte Vorschläge schnell vom

Tisch sobald ein hochrangiger Rechtsexperte behauptet, dass diese mit dem Grundgesetz, oder mit dem Verwaltungsrecht, oder mit dem Europäischen Recht nicht vereinbar sind – selbst wenn ein anderer Jurist dazu sofort das Gegenteil behauptet.

Dies alles ist schließlich Anlass und Anstoß für den allseitig geforderten Bürokratieabbau, der sich jedoch nicht nur im Streichen von Gesetzen und Vorschriften erschöpfen darf. – Gute und wirksame Gesetze müssen vernünftig sein. Sie müssen schon beim Gesetzgeber auf Vernunft gründen, und sie müssen Vernunft, Verständnis und Einsicht auch beim Gesetzesempfänger voraussetzen. Nur so werden sie nicht als fremd und abstoßend empfunden, und nur unter Voraussetzung dieser doppelseitigen Vernünftigkeit erfüllen sie ihren erwarteten Zweck. Im Bürokratiestaat wird dagegen Vernunft und Verstehen einseitig vom Gesetzgeber beansprucht, und der Empfänger gerät in die Rolle eines roboterähnlichen Agenten, der durch immer präzisere Vorschriften immer reibungsloser funktionieren soll, aber auch irgendwann sich verweigert und versagt. Bürokratieabbau ist also mehr als nur das Streichen von Vorschriften, er ist vor allem eine mentale Wende beim Apparat selbst.

Die Umsetzung eines solchen Verständnisses von Gesetz und Freiheit, das auf der Achtung des Bürgers als ein teilautonomes Subjekt beruht, erfolgt durch die strikte Anwendung des Subsidiaritätsprinzips auf allen Ebenen. Dieses Prinzip setzt Rahmengesetze mit begrenzten Geltungsbereichen für jede soziale Teilstruktur. Dabei gilt ein gesamteuropäisches oberstes Regelwerk, das sich beispielsweise auf die Themen Verteidigung, Energiesicherung, Umwelt und Außenpolitik begrenzt. Damit endet aber auch schon die gesamteuropäische Kompetenz. Ökonomie,

Kultur, Soziales, und Migration verbleiben in der Zuständigkeit der klassischen National- und Regionalstaaten. Und diese wieder überlassen es den Ländern, Kommunen und Kreisen wie man Industrieanlagen, Städtebau und Landschaftsschutz harmonisiert und sozialverträglich gestaltet. Subsidiarität ist unverträglich mit einem Durchregieren von oben bis hinunter zum letzten Schreibtisch oder Gemüsebeet. Zu dieser Deutlichkeit besteht ganz konkret Anlass. Denn wie man in Mittelbaden gutes und marktfähiges Obst erzeugt, das entscheiden die Erzeuger und ihre Absatzmärkte vor Ort. Die Beamten der Brüsseler Kommission verstehen davon nicht viel.

Wenn man – wie hier geschehen – so viel über Ethik redet und schreibt, kommt man an dem Soziologen Max Weber mit seiner Unterscheidung von Gesinnungs- und Verantwortungsethik nicht vorbei. Seine Unterscheidung lehrt uns, dass es wie bei allen unseren geistig-kulturellen Leistungen so auch bei der Ethik keine Einheitsausgabe gibt, vielmehr billigere und qualitativ anspruchsvollere Ausgaben. Was aber kennzeichnet und unterscheidet diese beiden Typen von Ethik? Bei ihr geht es ja um die Motivation, um Antrieb und Rechtfertigung unseres Handelns. Wie schon der Name andeutet ist der Gesinnungsethiker ein Idealist, der mit seinen Idealen im Handeln die direkte Bestätigung seiner guten Gesinnung und edlen Absicht sucht. Das genügt ihm, und die faktische Wirkung seines Tuns ist ihm eher zweitrangig, er blendet sie aus. Der Verantwortungsethiker dagegen ist Realist. Er weiß, dass er durch sein Tun in Realitäten mit ihren Kausalzusammenhängen eingreift, weil er dort die Verhältnisse möglichst zum Besseren verändern will. Deshalb leistet er sich eine wertende Güterabwägung und eine rationale Folgen-

abschätzung nach der altrömischen Devise: respice finem – denk'
an das Ende! Er hat deshalb auch den Mut zu folgenschweren
Entscheidungen, die ihm oft nur noch die Wahl lassen, mehr
oder weniger schuldig zu werden. Und genau in diesem Mut, sich
dem moralischen Dilemma zu stellen, zeigt sich der höhere Wert
der Verantwortungsethik.

V. Ergänzende Beiträge und Nachträge

Die evolutionäre Ethik im kulturgeschichtlichen Vergleich

Alles Sinnen und Trachten in der bisherigen Menschheitsgeschichte folgte einem klaren Imperativ: Erhaltung und Verteidigung des jeweils erreichten Entwicklungsstandes und seiner Erfolge, und darüber hinaus möglichst weitere Expansion, Wachstum und Eroberungen durch friedliche Mittel, oft aber auch unfriedlich mit Gewalt und Kriegen. ‚Wachset und mehret Euch, erfüllet die Erde und macht sie Euch untertan' (Gen. 1,28). Dies war die erste Anweisung, die Gott im Schöpfungsbericht unserer Kulturgeschichte den neu geschaffenen Menschen gab, und tief verinnerlicht prägt dieser Imperativ die Praxis der Menschen in unserer Kultur, auch und gerade im wenig religiösen Liberalismus bis heute. Sie war erfolgreich, aber auch ziemlich gefahrlos, denn bis in unsere Tage waren die technischen Möglichkeiten dazu begrenzt, sie erlaubten nur kleine Sprünge, kaum aber Aktionen von bewusster oder fahrlässiger Selbstvernichtung.

Diese Rahmenbedingungen haben sich radikal geändert. Wir verfügen heute über Techniken und Methoden der Naturbeherrschung, die, ohne Maß und Kontrolle angewandt, bisher ungekannte Katastrophen auslösen können, von der modernen Kriegstechnik mit ihrem Vernichtungspotenzial ganz zu schweigen. Und gerade deshalb stehen wir heute mit unserer Ethik vor einem Stil- und Paradigmenwechsel. Eine Zäsur in dieser Automatik ist dringend geboten, und wir müssen inzwischen die mäßigende Kontrolle auch bei solchen Aktivitäten übernehmen, die wir bisher begeistert vorangetrieben haben. Der Wachstumszwang darf nicht mehr als Tabu und Fetisch die Menschheit beherrschen und knechten, deshalb ist auch hier eine Akzentverschiebung fällig. Der alte biblische Imperativ müsste heute durch ein neues Gebot ersetzt werden. Anstelle von Wachstum und Mehrung sind heute und morgen maßvolles Erhalten und Gestalten humanverträglicher Zustände unter den Bedingungen dynamischer Gleichgewichte angesagt. Dabei sind die Grundgesetze und Symmetrieregeln der evolutiven Schöpfung strikt zu beachten.

Wir haben durch unsere wissenschaftlichen Erkenntnisse und technischen Fähigkeiten die Daseinsbedingungen der Menschheit quantitativ und qualitativ in viele Richtungen erstaunlich effektiv erweitert und verbessert. Wir haben dabei aber die uns tragenden Basisgesetze der Welt nicht verändert und wir werden dies auch nicht können. Daraus ergeben sich für unsere irdisch-terrestrische Weltgestaltung einige sichere Einsichten und Folgerungen. Die kosmischen Räume und Zeitvorräte sind für uns praktisch unbegrenzt, und mit einem schnellen Weltenende oder Weltgericht können wir nicht rechnen und deshalb dürfen wir auch nicht die Hände in den Schoß legen. Ernsthaft müssen wir für den Fortbestand der Menschheit mit noch tausenden von Jahren kalkulieren. Folglich ist auch die Reichweite unserer Verantwortung nach vorn in die Zukunft unbegrenzt offen. Andererseits ist unser blauer Planet, die Erde, im kosmischen Vergleichsmaßstab klein, begrenzt und mit endlichen Vorräten und langsamen Regenerationsmechanismen ausgestattet. Es gibt für uns bis jetzt außer von der Sonne keinen Nachschub von außerhalb. Die einzigen mittel- und langfristig verfügbaren Energiequellen sind die Erdwärme, die Kernenergie und die Strahlung der Sonne, und auch letztere verdankt sich der Kernfusion. Wir haben auch keine realistische Chance zu fluchtartigem Migrieren und Auswandern, wenn wir hier Misswirtschaft, Raubbau und Überbevölkerung mit sichtbaren und unsichtbaren Müllhalden betreiben. Es gibt für uns kein üppiges Asylland auf solaren oder außersolaren Planeten.

Die Evolution ist kein garantierter Erfolgslauf, sie ist ein antagonistischer Wettbewerb aus positiv-konstruktiven, aber auch destruktiv-parasitären Kräften, bei dem sich aufs Ganze doch immer wieder faszinierend gute Lösungen durchgesetzt haben. Das gibt Hoffnung. Die Evolution ist noch nicht zu Ende, ihr schöpferisches Potenzial hat vielleicht noch offene Chancen und weitere Niveaustufen im Vorrat. Wir dürfen ihr die Wege nicht verbauen, sondern müssen mit ihr vorsichtig und sensibel kooperieren, vielleicht sogar als Geburtshelfer bei ihren künftigen Metamorphosen. Zu dieser Einschätzung und Zuversicht berechtigen uns gerade ihre bisherigen Erfolge, Leistungen und faszinierenden Problemlösungen, die sie mit einer für uns kaum durchschaubaren Schöpfungsstrategie erreicht hat. Neben diesem vorsichtigen Optimismus ist aber auch uns selbst betreffend eine gute Portion Realismus, Skepsis und Demut angeraten. Ein vorzeitiges Ende unseres Daseins ist nicht nur theoretisch denkbar, sondern auch realiter möglich: Physikalisch-technisch durch Nuklearwaffen, biologisch durch zu hohe Populations- und Konsumdichte mit viel nutzloser Abwärme, und politisch durch einen hemmungslos emanzipatorischen Wettlauf, der schnell und irreversibel in chaotischen bürgerkriegsähnlichen Verhältnissen – regional und global – enden kann. .

Die Frage ist hier nicht nur erlaubt, sie muss auch gestellt werden: Gab es in unserer bisherigen Kulturgeschichte schon einmal ähnliche Krisensituationen mit vergleichbarer Unsicherheit, die begleitet waren von angestrengter Suche nach neuen Sinnstiftungen für die Bewältigung unseres Daseins? Die Geschichte, auch die Kulturgeschichte, wiederholt sich nicht, jedenfalls nicht identisch. Aber es gab historische Konstellationen, die einen Rückgriff und die Erinnerung an sie als ähnliche Verhältnisse nahelegen und dies sogar empfehlen, um sie als Lernvorlagen für die Bewältigung der Gegenwart zu nutzen. Es gibt Fachleute, für die die Spätantike und vor allem die Hochform des Hellenismus als ein solches respektables Beispiel für kulturellen Gezeitenwechsel infrage kommen.

Im Orient existierten verschiedene Tempelstaaten, und die griechische Kulturwelt war gegliedert in kleinere Stadtstaaten, die ‚Polis‘. Diese kleinteiligen staatlich-kulturellen Strukturen besaßen Ordnungen mit hoher Sinnstiftung. Die griechische Polis begründete sich aus der autonomen politischen Vernunft freier Bürger, die Tempelstaaten dagegen legitimierten sich als Theokratien durch Offenbarungsereignisse, so z. B. die jüdische Priester- und Königsherrschaft in Jerusalem durch das Mosaische Gesetz vom Berg Sinai. Doch beide Ordnungssysteme gerieten mit ihrem exklusiv-elitären Selbstverständnis in Existenzkrisen durch die Großreiche Alexanders des Großen und anschließend durch das Imperium der Römer. Die kleinräumigen religiösen und politischen Zentren waren mit ihrem Absolutheitsanspruch der neuen Herausforderung nicht mehr gewachsen. Die griechisch-hellenistische Welt entwickelte autonom aus ihrer philosophischen Tradition heraus eine universalistische Antwort darauf, nämlich die Stoische Philosophie mit Logik, Physik und Ethik als deren zentrale Teildisziplinen. Die christliche Erlösungslehre in der Fassung des Paulus von Tarsus war eine religiöse Antwort auf die veränderte Weltlage aus der Tradition des jüdischen Tempelstaates heraus. Das Christentum richtete sich an die breiten Mittel- und Unterschichten und hat sich damit langfristig durchgesetzt. Die Stoa wurde zum Ethos der gebildeten Oberschicht und blieb auf die Führungselite der römischen Kaiserzeit begrenzt. Doch ihre Wirkung auf Philosophie und Ethik des christlichen Mittelalters bleibt nachhaltig und unübersehbar. Der Stoa-Experte Maximilian Forschner bemerkt dazu (9):

‚Die Stoa gilt als einflussreichste philosophische Schule des Hellenismus und der Spätantike. Ihr Gedankengebäude, das sich in Logik, Physik und Ethik gliedert, stellt nach dem Verfall der politisch selbstständigen Polis erstmals eine universalistische Ethik ins Zentrum des Interesses. Im römischen Kaiserreich zur beherrschenden Geistesmacht geworden, vom Christentum in wesentlichen Punkten absorbiert und in der europäischen Aufklärung als säkulares Substrat der christlichen Ethik wiederbelebt, gewinnt die stoische Ethik wirkungsgeschichtlich die größte Macht, die eine philosophische Ethik jemals hat erringen können.‘

Auch heute stehen die sinnstiftenden Offenbarungsreligionen für viele Menschen in den hochentwickelten Gesellschaften in der Krise, und sie können oft nur noch Minderheiten mit ihren Botschaften überzeugen. Die Mehrheiten dagegen sind bereits der religiösen Selbstbedienung ausgeliefert und suchen sich verschiedene Ersatzreligionen als Notnagel. Andererseits hat sich unser wissenschaftliches Weltbild extensiv und intensiv kaum noch begreifbar erweitert, und die globale Welt ist durch Digitalisierung zum globalen Dorf für praktisch alle geworden. Dies alles verlangt nach einem neuen universalen Ordnungsrahmen für unser theoretisches Weltbild, vor allem aber auch für unsere weltgestaltende Praxis.

Wir können heute die Philosophie der Stoa nicht einfach unverändert kopieren. Aber mit ihren drei thematischen Schwerpunkten – Logik, Physik und Ethik – trifft sie schon vor mehr als zweitausend Jahren konzentriert zentrale Bestandteile unserer physischen, kognitiven und psychischen Verfassung, und wir können sie heute mit unserem gegenwärtigen Wissen nur erweitern und ergänzen, in ihrer Substanz und mit ihren Schwerpunkten aber kaum als überholt ignorieren. Rationalität (Logik), wissenschaftlich erschlossene Realität (physis) und evolutionäre Ethik – oder anders formuliert: Physik, Biologie und Philosophie in erweitertem Sinn verstanden, das sind die entsprechenden Themenfelder und Eckpunkte unseres heutigen Humanprojektes, und mit diesen landen wir sehr nahe bei der Position der antiken Stoiker und Ethiker. Dies ist jedoch kein geistiges Armutszeugnis für uns moderne Menschen, im Gegenteil! Wenn wir heute zu ähnlichen Einsichten und Schlussfolgerungen kommen wie die besten Denker und Ethiker früherer Zeiten, so ist dies eher ein Qualitätsausweis und eine Bestätigung für die Gültigkeit und Wahrheit alter und neuer, früherer und heutiger Einsichten. Es ist tröstlich und beruhigend, dass sich in unserer langen abendländischen Geschichte konstante Wirkkräfte und dauerhaft gültige Wahrheiten unseres Geistes entfalten und durchhalten. Technisch und ökonomisch sind wir heute der Antike hoch überlegen. Was aber unsere politische Moral und unsere Praxis beim Umgang mit unserer Welt betrifft, so haben wir wenig Anlass zu Überheblichkeit und Dünkel.

Irrwege und Gefahren – Die transhumane Utopie

Doch wie sich in der Evolution üblicherweise jede Neuerung gegen Konkurrenz behaupten muss, so erwächst auch dem evolutionären Ethos in Form und Gestalt transhumaner Visionen eine bedrohliche Gegenmacht. Deren provokante These und Behauptung verdichtet sich in dem nicht bescheidenen Postulat und Anspruch: Unsere humane Intelligenz kann, soll und muß gesteigert, überstiegen und sogar abgelöst werden durch die Intelligenz der künftigen Generation von Supercomputern und Robotern als digitale Maschinen zu humanoiden Wesen. Demnach mündet unsere biologisch-humane Evolution automatisch in die Eigenentwicklung autonomer technisch-künstlicher Intelligenz. Wir selbst mit unserer humanen Vernunft sind danach nur ein zeitlich begrenztes Vorstadium, ein Durch- und Auslaufmodell.

Dieser steilen These kann und muss ebenso klar und deutlich entgegnet werden. Sie geht von einem Versprechen und einer sehr fragwürdigen Unterstellung aus, deren Einlösung seit Jahrzehnten unerfüllt bleibt und deshalb ständig in die Zukunft vorhergeschoben wird. Es wird nämlich behauptet, dass algorithmisch arbeitende intelligente Maschinen unabhängig von ihrer materiellen Basisstruktur Bewusstsein mit autonomer Eigenevolution entwickeln werden. Mit dieser Behauptung werden jedoch vorschnell strukturelle Grenzen überschritten. Denn beide, maschinelle und humane Intelligenz, sind Geschöpfe sui generis, also je eigener und substanziell verschiedener Bauart. Beide verdanken sich ontisch sehr verschiedenen Kausalstrukturen. Dort die trocken-anorganische Halbleiterphysik digitaler Maschinen auf der Basis von Silikonkristallen, hier bei unserer menschlichen

Intelligenz die nasse organische Biochemie des Kohlenstoffs und vieler weiterer Elemente des Periodensystems. Dass Maschinen und Roboter mit ihren algorithmischen Fähigkeiten unser Gehirn an Schnelligkeit und serieller Analytik weit übertreffen können, ist kein ausreichender Grund dafür, dass sie auch Selbstbewusstsein und Gefühle entwickeln. Diese Eigenschaften sind höchst wahrscheinlich ein Alleinstellungsmerkmal und Privileg der elektrochemischen Feldeigenschaften unseres Gehirns (2). Die Qualitäten und Leistungen unseres Gehirns aber sind Realität und Tatsache, die transhumane These dagegen ist bis jetzt eine nicht eingelöste Spekulation und Behauptung. Es besteht also kein Grund zu Beunruhigung, Angst und Sorge.

Wenn und soweit diese Überlegungen aber schlüssig erscheinen, so kann darauf nur eine ebenso entschiedene Reaktion unseres Handelns und Verhaltens folgen. KI – künstliche Intelligenz – als Hilfe, Instrument und Werkzeug in allen Ehren! Aber unsere biologisch evolutive Entwicklungslinie und mit ihr unsere gesamte Humanität muss gegen eine fremdartige, hypothetische aber auch gefährliche Konkurrenz, die wahrscheinlich nur auf technokratischer Selbstüberschätzung beruht, behauptet und verteidigt werden. Dies ist Gebot und Pflicht zu unserer Selbstbehauptung und Selbsterhaltung. Wir dürfen uns als Subjekte des Entscheidens und Handelns nicht vorschnell verunsichern lassen und abtreten. Praktisch und konkret bedeutet dies, dass wir uns den Mut und die Bereitschaft auch zu folgenschweren Entscheidungen erhalten müssen, anstatt sie leichtfertig an nicht mehr kontrollierte autonome Maschinen und algorithmische Automaten zu delegieren. Es gilt, solchen Verzicht auf Verantwortung und das Auslagern von Entscheidungen als Zeichen moralischer

Schwäche mutig zurückzuweisen, und unsere defensive Sensibilität gegen jede Art transhumaner Selbstentfremdung zu schärfen. Für die hier drohenden Konflikte ist die Bezeichnung ‚Kulturkampf' wohl keine Übertreibung.

Zusammenfassung –
Drei Bewährungsproben für die Ethik

Außer dem vorherrschenden Konsumpragmatismus bieten sich uns für die Gestaltung der zukünftigen Welt drei Optionen mit verschiedenen Programmen und Sinnstrukturen an. Es sind dies – erstens – die tradierten religiösen Ordnungssysteme mit ihrem Verständnis von Welt, Mensch und Gottheit, darunter nach wie vor die Offenbarungsreligionen. Als Antithese dazu – zweitens – die technokratisch emanzipatorische Ideologie des linearen Fortschritts. Eine radikalliberale kulturmarxistische Spielart davon beabsichtigt die Dekonstruktion möglichst aller herkömmlichen Ordnungs- und Wertemuster und an ihrer Stelle eine transformierte und neu konstruierte künftige Welt. Als Alternative schließlich zu diesen beiden konträren Vorschlägen bietet sich – drittens – das evolutionäre Ethos mit seiner evolutiv-konservativen Ausrichtung an. Es baut auf unserer *Conditio humana*, unserer natürlichen Verfassung auf, es bewahrt das Bewährte, entwickelt es adaptiv weiter und verbessert das Mangelhafte mit pragmatischem Gespür für das Machbare. Es ist ein Ethos der ehrlichen Liberalität, jedoch kein Freifahrschein für billigen Liberalismus und emanzipatorischen Individualismus. Als ernsthaftes Bemühen um evolutionskonformes Leben und Handeln ist es ein präreligiöses Bekenntnis und ein Akt der Ehrfurcht vor jener letzten geheimnishaften Verfügungsmacht, die wir gewöhnlich Gott nennen.

Wissenschaft und Technik haben uns die reale Welt mit ihren raum-zeitlichen Dimensionen und Kausalitäten zwar weitgehend entzaubert, aber nicht enträtselt. Wir müssen in dieser entzauberten Welt künftig Entscheidungen treffen und Entwicklungslinien mitverantworten, die frühere Generationen fraglos dem Schicksal oder der Vorsehung überlassen konnten und mussten. Dazu zusammenfassend nochmals drei besonders problemschwere Themen.

Thema 1: Um die Mitte des 20. Jahrhunderts bevölkerten zwei bis drei Milliarden Menschen unsere Erde. Um auf diese Anzahl anzuwachsen benötigte die Menschheit – je nach Urteil der Fachwissenschaften – eine halbe bis eine ganze Million Jahre. Zu Ende des Jahres 2022 bevölkerten die Erde acht Milliarden Menschen. Diese Verdreifachung der Menschheit erfolgte in nur 60 bis 70 Jahren! Mit diesem rasanten Wachstum sind aber – kaum zufällig und zeitlich nur kurz verzögert – auch einige dramatische Prozesse und Veränderungen korreliert, z. B. diese: Eine markante Erderwärmung mit extremen Wetterphänomenen, ein Rückgang biologischer Vielfalt durch unnormal schnelles Aussterben von Arten, und ebenso die Verknappung von Rohstoffen sowie die Mengen- und Qualitätsminderung natürlicher Ressourcen wie Luft, Wasser, Wald, Ackerland. Es drängt sich die Folgerung auf: Entweder muss die Dichte der Erdbevölkerung wieder abnehmen, oder ihr gemitteltes Konsumniveau muss sinken, oder am besten maßvoll beides. Allein mit romantischer Menschenfreundlichkeit lässt sich diese Krise nicht bewältigen, denn auch hier gilt: Die Naturgesetze nehmen keine Rücksicht auf unsere guten Gefühle, wenn wir sie nicht respektieren. Sie rächen sich dann, und wir selbst schaffen inhumane Zustände trotz bester Gesinnung und Absicht.

Thema 2: In vorindustriellen Zeiten lebte die Menschheit von und mit einer nachhaltigen Subsistenzwirtschaft sowohl was die handwerkliche wie auch die landwirtschaftliche Produktion betraf. Der Energiebedarf war niedrig, und er wurde weitgehend gedeckt aus nachwachsenden Quellen. Durch die industrielle Revolution mit ihrer massenhaften Produktion an Gütern stieg der Energiehunger, und dieser steigert sich gegenwärtig nochmals stark durch die digitale Informations- und Robotertechnologie. Der steigende Bedarf an elektrischer Energie kann aber immer weniger mit fossilen Energieträgern gedeckt werden, zumal der aktuelle Klimawandel wahrscheinlich sich auch den Ausscheidungen der Kohlenstoffwirtschaft mitverdankt. Die Industriegesellschaften stehen deshalb gegenwärtig vor einem folgenschweren Dilemma. Entweder sie investieren erstrangig in die Entwicklung neuer Nukleartechnik mit neuen Risiken und möglichen Begleitfolgen für künftige Generationen. Oder aber man entscheidet sich strikt für regenerative Energieträger mit ihrer niedrigen Einsammeldichte und unsicheren Verfügbarkeit und nimmt damit Energieknappheit samt denaturierter Landschaft durch Windräder, Photovoltaikanlagen, Stromtrassen und Monokulturen von Maisfeldern mit beschleunigtem Artensterben in Kauf. Eine intelligente, wissenschaftsbasierte Mischstrategie wäre ein Ausweg aus dem Dilemma.

Thema 3: Und weil in einer komplexen Welt die verschiedenen Problemfelder wechselseitig kausal vernetzt sind, folgt aus den beiden soeben beschriebenen Szenarien auch noch ein drittes. Völkerwanderungen und Migration von Kleingruppen und Familien gab es schon immer. In der Moderne kommt es aber bei diesem Vorgang schon zu einem chronischen Massenphänomen. Hohe Bevölkerungsdichte in unterentwickelten Ländern mit Mangel an allen wichtigen Lebensgütern einerseits, und hoher Wohlstand gepaart mit liberal-großzügigem Menschenrechtsverständnis in demokratischen Industriegesellschaften andererseits, erzeugen durch push-pull-Effekte Ausgleichsbewegungen sowohl als Armuts- wie auch als opportunistische Wirtschaftsmigration. Auch dieser Zustand konfrontiert die Politik mit folgenschweren Entscheidungen, denn globale ungehemmte Migration zerstört die gewachsenen Kulturen und macht am Ende alle heimatlos. Soll man aus dieser Not eine Tugend machen indem man die Welt für alle zum wahlfreien Wohnort mit zentralen Verwaltungsapparaten und uniformer Einheitszivilisation proklamiert, oder sind noch Staatsformen mit Geschichte und Tradition als kulturelle Vielfalt die bessere Antwort darauf? Welches dieser beiden Modelle bietet wohl für humanes Dasein in Freiheit mit Demokratie und Mitbestimmung, aber auch für das menschliche Bedürfnis nach Beheimatung die besseren Voraussetzungen?

Überentwickelte und überliberalisierte Gesellschaften haben zu niedrige, unterentwickelte Staaten dagegen haben oft zu hohe Geburtenraten. Gut entwickelte und demographisch autarke Gesellschaften jedoch kennzeichnet ein stabiles Gleichgewicht zwischen Geburten- und Sterberate. Wenn ein Volk seinen überhöhten Wohlstand nicht mehr selbst sichern kann, muss es wieder zu ausgewogener und angemessener Nachhaltigkeit zurückkehren, nämlich durch mehr Geburten, durch vermehrte Arbeit und durch maßvolleren Gesamtkonsum. Seinen Wohlstand aber mittels Verschuldung zu finanzieren oder weltweit dafür anderen Staaten nach Art von Fußballclubs ihre Fachkräfte abzuwerben, das ist ethisch nicht zu rechtfertigen.

Das hier entwickelte Ethos ist mit seiner bemühten Realitätsnähe, seinen Kennzeichen und Eigenschaften, ein unbedingtes Ja zur Erhaltung, Pflege und Fortentwicklung der natürlichen und kulturellen Bedingungen unseres Daseins, und es ist somit ein zeitgemäß modernes und im eigentlichen Wortsinn auch ein konservatives Ethos. Durch seine wissenschaftliche Ausrichtung ist es ein gültiger Orientierungs- und Ordnungsrahmen für alles Handeln und Gestalten in unserer Um- und Mitwelt. Es überformt als universaler Rahmen alle unsere bisherigen Leitideen und Richtlinien, seien es die klassischen Ideale liberaler und sozialer Politik oder auch die Gebote und Gesetze der Religionen und Konfessionen. Und gerade dadurch entfaltet dieses Ethos sein starkes Potenzial bei der Entschärfung von Konflikten und bei der Vermittlung von interkulturellem Frieden. Es ist eine Ergänzung, aber auch eine autarke Alternative zur tradierten Religion, aber keine Kampfansage an diese. Besonders wirksam immunisiert es gegen allerlei moderne Versuchungen zu natur- und realitätsfernen Transformationen unseres Lebens, es ist evolutiv, aber nicht reaktionär oder revolutionär. Mit diesen Qualitäten wird dieses Ethos als Bekenntnis zu einem Sinn- und Hoffnungsstifter, wenn es gilt, sowohl unsere überschaubare lokale Umwelt wie auch unsere globale Gesamtwelt sozial, ökonomisch, ökologisch und kulturell humanverträglich zu gestalten.

Und was wird aus dem Christentum? –
Als Nachtrag ein Vorschlag

Sosehr wir auch mit unserem theoretischen Verstand das moderne Weltbild der Kosmologie und Evolution mit allen seinen Konsequenzen einsehen und akzeptieren mögen, so hartnäckig bleiben wir mit unseren fünf Sinnen doch unverbesserliche Ptolemäer. Für uns geht die Sonne nach wie vor auf und unter, die Erde ist für uns keine Kugel, sondern eine Scheibe mit uns im Zentrum, und das ‚Oben im Himmel' ist für uns eine absolute Richtung, auch wenn sie sich kosmisch im Tagesrhythmus ständig ändert. Und so ähnlich ist uns die personale Gottesidee in unsere Denkstrukturen eingepflanzt und mit ihr die Religion und Religiosität als unsere kulturelle und persönliche Antwort auf diese mentale Vorgabe. Es sind gleichsam die Suchteleskope unserer kognitiven Strukturen, sie sind erstaunlich stabil, denn sie sind weitgehend unabhängig von kulturellen und historischen Zufälligkeiten. In der Religion geben sich die überzeitlichen Bedürfnisse, Sehnsüchte und Hoffnungen der Menschen ihre Form und bildhafte Gestalt. Der Austausch der Weltbilder gelingt uns aber noch leichter als eine entsprechende Anpassung der Gottesidee. Und deshalb sollte man klassische Religion und Religiosität, und damit auch das Christentum, nicht vorschnell zum Auslaufmodell erklären.

Was also bleibt dann von Wert, Gewicht und Bedeutung der eigentlichen Religion als menschliche Begabung, als Kulturgut und als tradierte Stifterin von Sinn und Wert unseres Lebens? Wenn man sich um dieses Thema wie hier geschehen so ausgiebig Gedanken gemacht hat, darf und muss man auch an die

Zukunft der klassischen Religion denken und dazu Anregungen und Vorschläge anbieten, man darf sich hier nicht einfach der Gretchenfrage entziehen. Geschichtlich gewachsene Religionen und Konfessionen können vergehen oder zu lebenden Fossilien verkümmern, wenn ihre Zeit abgelaufen ist und sie sich nicht anpassen. Religiosität als menschliche Anlage und Fähigkeit aber bleibt, sie stirbt nicht in Gänze, denn sie ist eine menschliche Konstante, auch wenn sie bei verschiedenen Menschen unterschiedlich stark entwickelt ist. Für das Christentum als die historische Form und Fassung von Religion und Religiosität im europäischen Kulturraum verbleibt dann vermutlich folgende Struktur und Anpassung als Perspektive für die Zukunft.

Die Religionen und auch das Christentum sind kein monolithischer Block, sie zeigen sich in ethnisch-kultureller Anpassung und Vielfalt. Die Römisch-katholische Kirche, die Orthodoxie und der Protestantismus sind als Aufspaltungen keine provokant-absichtlich bewirkten Spaltungen, keine ‚Irrlehren und Ketzereien', als welche sie sich wechselseitig bisher bezeichneten und zum Vorwurf gemacht haben. Und auch keine von ihnen in ihrer heutigen Form und Verfassung ist die authentische und ursprüngliche Originalausgabe von Christentum schlechthin. Sie sind eher kaum vermeidbare historische Entwicklungen, die sich den kulturellen und landschaftlichen Sonderheiten und den ethnisch verschiedenen Mentalitäten im noch sesshaften vormigratorischen Europa verdanken. Die Ausbreitung des Protestantismus vorwiegend im nordwestlichen Europa, geschah sicher nicht zufällig, denn auch Aufklärung Wissenschaft und Subjektivität hatten dort ihren Schwerpunkt. In der von Migration und Verkehr geprägten Gegenwart des globalen Dorfes relativieren sich aber solche lokal und historisch gewachsenen Spielarten des Christentums zugunsten des Eigentlichen und Wesentlichen. Für dieses ergibt sich deshalb aus Gründen des Überlebens und der Selbsterhaltung das Gebot zur Verschlankung und Konzentration auf seine Kern- und Zentralbotschaft. Alles andere sinkt dann auf die Bedeutung von schmückendem Beiwerk zur freien Bedienung persönlicher Bedürfnisse und Vorlieben herab.

Konkret und praktisch empfiehlt sich dann folgende Rückbesinnung und Verschlankung auf das Wesentliche als eine Art Flurbereinigung. Die zentrale gemeinsame Botschaft des Christentums besteht aus der Johanneischen und Paulinischen Erlösungslehre und aus der Jesuanischen Ethik. Die Taufe ist und bleibt das gemeinsame Einweihungsritual in das Mysterium. Die liturgischen Formen der bisherigen Konfessionen werden zu Attributen und freien Angeboten für rituelle Ausgestaltungen der gemeinsamen Botschaft und des zentralen Bekenntnisses. Die römische Kirche hat sich in zweitausend Jahren eine üppig gewachsene Tradition aus Spekulationen und Bildern als Beilagen zum eigentlichen Kerygma zugelegt, so ähnlich wie sich ein Baum mit Jahresringen umgibt. Barockengel, Heiligenverehrung, Marien- und Herz-Jesu-Kult, disziplinierende kirchenrechtliche Vorschriften und Gebote sind aber nicht jedermanns spiritueller Stil und Geschmack. Manche ethnische – südländische – Mentalität jedoch kann sich darin besser erleben und entfalten. Die protestantische Engführung auf das Wort und die Schrift und deren freie Aneignung durch den Menschen als religiöses Subjekt in privater Innerlichkeit – dies entspricht mehr einem Menschentypus, der eher in West- und Nordeuropa bisher zu Hause war. Und die orthodoxe Mystik und Liturgie, oder der gregorianische

Choral ist der spirituelle Kontext für meditative und besinnliche Menschen, die sich an scharfen dogmatisch-begrifflichen Definitionsgrenzen eher stören.

Diese dreifache Stilfamilie findet eine frappierende Entsprechung in den Stiltypen der abend- und morgenländischen Kirchenarchitektur. Es gibt eben Menschen, die die einfache, dunkle Stille alter romanischer Basiliken zu meditativem Verweilen ganz besonders anzieht. Andere dagegen bevorzugen die schon leichteren, hohen und helleren Stützgewölbe gotischer Dome, und wieder andere Menschen geraten erst in üppig und fantasievoll ausgestatteten Barockkirchen mit ihren hellen Kuppeln und strahlenden Deckengemälden in religiöse Stimmung. Ähnliche Stilformen sollten als liturgische Angebote das religiöse Erlebnis steigern und die emotionale Vermittlung der christlichen Kernbotschaft erleichtern – ohne alleinseligmachende sich wechselseitig ausschließende Ansprüche und Behauptungen. Unter solchen Bedingungen und mit Konzentration auf seine Substanz hätte das Christentum gerade auch im Vergleich mit dem Islam in einer hochtechnisierten komplexen Welt noch Chancen und Zukunft.

Literaturverzeichnis

(1)   Hofmeister K., Bauerochse L. (1999): Die Zukunft der Religion. Echter, Würzburg

(2)   Bauer R. (2007): Gehirn oder Geist – Wer und Was sind wir? Logos, Berlin

(3)   Antes P. (2006): Grundriss der Religionsgeschichte. Kohlhammer, Stuttgart

(4)   Bauer R. (2017): Kosmogenese – Evolution – Religion. Der Metaphysikschock und seine Folgen für unser Gottesbild. Die Blaue Eule, Essen

(5)   Eigen M. (1987): Stufen zum Leben. Piper, München

(6)   Rees M. (2006): Das Rätsel des Universums. Deutscher Taschenbuchverlag, München

(7)   Börner G., Ehlers J., Meier H. (1993): Vom Urknall zum komplexen Universum. Piper, München

(8)   Bauer R. (2021): Liberal – Sozial – Konservativ. Was davon ist zu viel, was zu wenig, und was steht auf dem Spiel? Gerhard Hess Verlag, Bad Schussenried

(9)   Forschner M. (1995): Die stoische Ethik. Darmstadt, Wissenschaftliche Buchgesellschaft